CARL ROGERS com MICHEL FOUCAULT

(caminhos cruzados)

Editora Appris Ltda.
2.ª Edição - Copyright© 2024 do autor
Direitos de Edição Reservados à Editora Appris Ltda.

Nenhuma parte desta obra poderá ser utilizada indevidamente, sem estar de acordo com a Lei n° 9.610/98. Se incorreções forem encontradas, serão de exclusiva responsabilidade de seus organizadores. Foi realizado o Depósito Legal na Fundação Biblioteca Nacional, de acordo com as Leis n⁰ˢ 10.994, de 14/12/2004, e 12.192, de 14/01/2010.

Catalogação na Fonte
Elaborado por: Dayanne Leal Souza
Bibliotecária CRB 9/2162

C198c
2024
	Campos, Ronny Francy
	   Carl Rogers com Michel Foucault: (caminhos cruzados) / Ronny Francy Campos. – 2. ed. – Curitiba: Appris, 2024.
	   146 p. ; 21 cm. (Coleção PSI).
	
	   Inclui referências.
	   ISBN 978-65-250-6242-6
	
	   1. Psicologia. 2. Foucault. 3. Psicologia humanista. I. Campos, Ronny Francy. II. Título. III. Série.
	
	   CDD – 150

Livro de acordo com a normalização técnica da ABNT

Appris editora

Editora e Livraria Appris Ltda.
Av. Manoel Ribas, 2265 – Mercês
Curitiba/PR – CEP: 80810-002
Tel. (41) 3156 - 4731
www.editoraappris.com.br

Printed in Brazil
Impresso no Brasil

Ronny Francy Campos

CARL ROGERS com MICHEL FOUCAULT

(caminhos cruzados)

Appris editora

Curitiba - PR
2024

FICHA TÉCNICA

EDITORIAL Augusto Coelho
Sara C. de Andrade Coelho

COMITÊ EDITORIAL Ana El Achkar (UNIVERSO/RJ)
Andréa Barbosa Gouveia (UFPR)
Conrado Moreira Mendes (PUC-MG)
Eliete Correia dos Santos (UEPB)
Fabiano Santos (UERJ/IESP)
Francinete Fernandes de Sousa (UEPB)
Francisco Carlos Duarte (PUCPR)
Francisco de Assis (Fiam-Faam, SP, Brasil)
Jacques de Lima Ferreira (UP)
Juliana Reichert Assunção Tonelli (UEL)
Maria Aparecida Barbosa (USP)
Maria Helena Zamora (PUC-Rio)
Maria Margarida de Andrade (Umack)
Marilda Aparecida Behrens (PUCPR)
Marli Caetano
Roque Ismael da Costa Güllich (UFFS)
Toni Reis (UFPR)
Valdomiro de Oliveira (UFPR)
Valério Brusamolin (IFPR)

SUPERVISOR DA PRODUÇÃO Renata Cristina Lopes Miccelli
REVISÃO Pâmela Isabel Oliveira
DIAGRAMAÇÃO Nayara Stelmach de Melo
CAPA Matheus Miranda
REVISÃO DE PROVA Renata Cristina Lopes Miccelli

COMITÊ CIENTÍFICO DA COLEÇÃO PSI

DIREÇÃO CIENTÍFICA Junia de Vilhena
CONSULTORES Ana Cleide Guedes Moreira (UFPA)
Betty Fuks (Univ. Veiga de Almeida)
Edson Luiz Andre de Souza (UFRGS)
Henrique Figueiredo Carneiro (UFPE)
Joana de Vilhena Novaes (UVA |LIPIS/PUC)
Maria Helena Zamora (PUC-Rio)
Nadja Pinheiro (UFPR)
Paulo Endo (USP)
Sergio Gouvea Franco (FAAP)

INTERNACIONAIS Catherine Desprats - Péquignot (Université Denis-Diderot Paris 7)
Eduardo Santos (Univ. Coimbra)
Marta Gerez Ambertín (Universidad Católica de Santiago del Estero)
Celine Masson (Université Denis Diderot-Paris 7)

*Ao Escípio da Cunha Lobo, pelo caminho que fizemos juntos.
E a minha família, que me oferece a experiência do amor.*

AGRADECIMENTOS

A Antônio Campos Neto e Maria Cândida Campos, meus primeiros orientadores.

Aos meus entrevistados, Escípio da Cunha Lobo, Abigail Alvarenga Mahoney, Vera Nigro de Souza Placco, Laurinda Ramalho de Almeida, Diana Belém, Ir. Henrique Justo e Márcia Alves Tassinari, por compartilharem comigo suas experiências e seus conhecimentos.

A Alexandre Avelar, que tantas vezes leu e releu os ensaios iniciais deste livro, fazendo preciosas correções e sugestões. E a Cláudia Prata Salmen, responsável pela revisão final do texto, pela gentileza e carinho com que a fez.

Aos amigos Sibélius Cefas Pereira, Tommy Akira Goto, Tatiana Benevides Magalhães Braga, Maria do Carmo Guedes, Patrícia Noronha Ayer e Mauro Martins Amatuzzi pelas interlocuções (diretas e indiretas) sobre o tema do livro.

Aos familiares, pelos constantes incentivos e apoios e por compreenderem os momentos em que não posso estar com eles.

Aos meus queridos filhos Rafael Faria Mendes Campos, Isadora Cristina de Carvalho Campos e Heloise de Carvalho Campos, por enriquecerem a minha vida.

Em especial, a Ângela Borges de Carvalho Campos, que sempre foi a primeira leitora das "coisas" que eu escrevo, a minha imensa gratidão.

APRESENTAÇÃO DO AUTOR

Com muita alegria, recebi o convite para apresentar o autor desta obra. Além de um estimado amigo, eu o considero um grande intelectual. Ronny Francy Campos é psicólogo, professor universitário e pesquisador. Estudioso, entusiasta, culto, dedicado, que sabe com calor humano e simplicidade aprender e ensinar as "coisas" da Psicologia. Desde sua formação acadêmica em Psicologia, nos mais diversos níveis, graduação, especialização, mestrado, doutorado e pós-doutorado, Ronny vem dedicando suas pesquisas e suas reflexões, principalmente no diálogo com seus alunos, sobre a condição humana e suas intrínsecas relações com o "ser" e o "fazer" do psicólogo, sem perder de vista o enraizamento político e ético dessa profissão.

Um dos frutos dessa dedicação está sintetizado no trabalho que considero ímpar para a Psicologia brasileira: o Projeto Político-Pedagógico que o autor idealizou, elaborou e implantou em uma importante universidade de Minas Gerais. Essa foi uma das experiências em que tive a oportunidade de participar e de estar em sua companhia. Digo isso porque pude vivenciar e constatar de maneira muito próxima o seu modo de pensar e cuidar da psicologia e da formação do psicólogo no Brasil.

Nessa empreitada pudemos perceber o quanto seu projeto nos possibilitou uma visão ampla e profunda da psicologia, fornecendo não só a capacidade de obter novos conhecimentos, "as novas condições de trabalho e as novas demandas sociais", mas também de crítica e questionamento da realidade brasileira, de modo a criá-la e recriá-la de acordo com os princípios lá apresentados. Além, claro, de nos oferecer as bases para uma formação mais humana, centrada na pessoa, e não nos argumentos, transcendendo, assim, as diversas psicologias, principalmente aquelas que Edith Stein chamou de "psicologia(s) sem alma".

Não que outros projetos não sejam assim, mas esse, em especial, foi concebido na honesta e plena consideração de diversas e antagônicas concepções psicológicas, e colocou como base aquilo que decisivamente desafia-nos no estudo do ser humano: o fato de ser complexo e paradoxal. Entretanto, entendo que isso não seria possível se o seu próprio autor não fosse – por ele mesmo – uma pessoa sensível ao outro e que atribui um enorme valor ao fato de poder se permitir compreender outra pessoa, tal como seu mestre Carl Rogers ensinou.

Outro aspecto que vale ressaltar sobre o autor é a sua capacidade de harmonizar as diversas contrariedades, os antagonismos e as complexidades da vida, seja de caráter intelectual e/ou existencial. Essa maneira de ser, esse seu "jeito de ser", pode facilmente ser visto por qualquer um que o conhece de perto. O seu estilo não está somente nas suas atividades intelectuais ou profissionais, mas também no esportista que é, na pessoa de pai, marido, irmão, amigo e tantas outras posições que ele felizmente ocupa no mundo.

Bem, até aqui não estamos perdendo em nada no destaque das atitudes e dos méritos de nosso autor. Muitas vezes, não ansiamos encontrar na Psicologia e nas suas investigações algo a mais que um ser humano abstrato ou teórico? Ou, parafraseando o filósofo Martin Buber, não esperamos da psicologia (ou do psicólogo), quando desesperados, uma presença, por meio da qual nos é dito que ele, o sentido, ainda existe? Pois bem, temos aqui um autor e agora outra obra sua histórica e plena de sentido.

É em "tempos sombrios", de crise das ciências psicológicas e de crises existenciais, principalmente do sentido da vida, que este livro vem a público, em momento bastante oportuno. Nele Ronny reapresenta e nos reaproxima de uma das mais importantes propostas da Psicologia mundial: a psicologia humanista de Carl Rogers.

Caro leitor, eis aqui um autor e uma obra – ambos – ADMIRÁVEIS!

Tommy Akira Goto
Doutor em Psicologia pela PUC Campinas
Professor da Universidade Federal de Uberlândia (UFU)

SUMÁRIO

PREFÁCIO 15

INTRODUÇÃO 21

PARTE 1
"RELEMBRAR" FOUCAULT 29

PARTE 2
OS ANOS 60 E O PROJETO DE PSICOLOGIA HUMANISTA 51

PARTE 3
O CONTEXTO POLÍTICO-CULTURAL DOS ANOS 60 NO BRASIL 79

PARTE 4
A PSICOLOGIA CENTRADA NA PESSOA NA HISTÓRIA DA PSICOLOGIA NO BRASIL 97

CONCLUSÃO 121

REFERÊNCIAS 141

PREFÁCIO

Ronny Francy Campos surpreende em seu livro *Carl Rogers com Michel Foucault (caminhos cruzados)* ao apresentar uma inusitada combinação: a psicologia humanista de Carl Rogers, analisada com referenciais teórico-metodológicos do filósofo francês Michel Foucault. Essa composição não nos é oferecida de modo ingênuo. Ao contrário, desde a introdução, a psicologia humanista nos é apontada como pertencente a um campo no qual o sujeito vai em "busca de si mesmo" visando à "previsão, o domínio e o controle de si"[1], o que, inicialmente, difere em alto grau da valorização feita por Foucault da subjetivação como um processo de desprender-se de si mesmo. Entretanto, à medida que a leitura avança, especialmente do segundo ao quarto capítulo, um olhar histórico e genealógico vai evidenciando certos hibridismos presentes na implementação da psicologia humanista nos Estados Unidos e no Brasil, indicando que, no plano da microfísica dos poderes, Rogers e Foucault não possuem, necessariamente, posições diametralmente antagônicas.

Em 1983, durante uma sessão de entrevistas com Dreyfus e Rabinow, Foucault foi confrontado com o que os entrevistadores consideravam um problema do excessivo autocentramento, do culto ao eu, próprio do Movimento do Potencial Humano (MPH) californiano. Foucault responde, como seria esperado: "No culto de si da Califórnia, devemos descobrir o verdadeiro si, separá-lo daquilo que deveria obscurecê-lo ou aliená-lo", cabendo à Psicologia e à Psicanálise identificar "qual é o verdadeiro eu".[2] Por

---
[1] As citações sem referência direta pertencem ao conteúdo do livro prefaciado.
[2] FOUCAULT, M. Sobre a genealogia da ética: uma revisão do trabalho. In: DREYFUS; RABINOW (Org.). *Michel Foucault*: uma trajetória filosófica. Rio de Janeiro: Forense Universitária, 1995, p. 270.

isso, ele afirma que o cuidado de si greco-romano, seu objeto de estudo, seria diametralmente oposto ao que ele entendia ser o culto californiano do eu.[3]

Essa entrevista poderia ter funcionado como um impedimento definitivo para que pesquisadores investissem nessa direção de trabalho. Felizmente, não foi o caso do Ronny. Com base em sua trajetória como psicólogo clínico, pesquisador e professor universitário, e no seu crescente interesse pela obra de Michel Foucault, iniciado em seu percurso de mestrado e doutorado realizado na PUC-SP, Ronny intuiu que esse diálogo possuía outras nuances. Decidiu pôr em questão a crítica mais frequente de que

> os psicólogos rogerianos brasileiros deixaram (ou evitaram) de considerar fatores cruciais como o 'social' e o 'político' e que, portanto, a psicologia por eles praticada é distante da realidade, sendo, em termos gerais, a-histórica.

Para o autor, essa visão não abarca a complexidade do que foi o acontecer da psicologia humanista, tanto nos Estados Unidos quanto no Brasil.

Após apresentar os principais aportes teórico-metodológicos foucaultianos com os quais pretende trabalhar, no primeiro capítulo, Ronny expõe, no capítulo seguinte, as condições de emergência da chamada *terceira força em Psicologia* (que se contrapunha à psicanálise e ao behaviorismo). Essas condições, presentes na década de 60, são os "anos de revoltas políticas, estudantis e de costumes, sobretudo entre a juventude". Chamado de "a grande recusa", foi um período de muitas revoltas, especialmente nos países desenvolvidos, contra o sistema industrial tecnocrático, bélico e desumanizador, que construiu um estilo de vida marcado pelo consumismo alie-

---

[3] Na versão francesa dos *Dits et Écrits*, editada posteriormente, Foucault retirou a menção à Califórnia, que ligava mais diretamente o tema ao Movimento do Potencial Humano.

nante. A contracultura, afirma Ronny ancorado em sua revisão de literatura, é o berço do Movimento do Potencial Humano. O livro indica aproximações entre os movimentos contraculturais e a crítica foucaultiana à sociedade disciplinar, além de expor como Foucault tematizou essas revoltas, tanto o maio de 68 francês quanto as contestações estadunidenses. Vale lembrar que, no final da década de 70 e na década seguinte, a obra de Foucault ganhará notoriedade nos Estados Unidos, maior do que a adquirida pelo filósofo na própria França.[4]

Em sua análise, Ronny admite a crítica de que "o Movimento do Potencial Humano, que se propôs a questionar e enfrentar o poder vigente, naquele momento, acabou sendo rapidamente assimilado pelo sistema capitalista de consumo, passando também a participar e contribuir para deixar em segundo plano as demandas políticas e sociais surgidas naqueles anos". Por outro lado, enfatiza as importantes contribuições da psicologia humanista na defesa da existência humana autêntica e congruente, no desenvolvimento de práticas grupais e experiências comunitárias, novas propostas educacionais e seu questionamento dos saberes e poderes presentes nas abordagens convencionais em Psicologia.

Não falta, neste livro, o reconhecimento da resistência de Foucault com a noção de homem, seu anti-humanismo. Ciente disso, Ronny acentua que por meio "das análises arqueológicas, o discurso da psicologia humanista deveria ser questionado e sua proposta, criticada, por sua inconsistência e por sua ambiguidade, como forma de saber que se pretende científica". Entretanto, considera o pesquisador, dentro das condições de emergência da psicologia humanista, essa também poderia ser vista como

---

[4] CUSSET, F. *Filosofia Francesa*: a influência de Foucault, Derrida, Deleuze & Cia. Porto Alegre: Artmed, 2008.

crítica aos determinismos e à tentativa de aproximar a psicologia das ciências naturais e, em especial, da biologia (behaviorismo), assim como crítica a uma interpretação determinista da psicanálise, em voga nos anos 60.

Ou seja, se deslocarmos o debate das postulações teóricas para explorarmos o que se passou em seu surgimento e em sua implantação, a narrativa poderá ser outra.

No terceiro e quarto capítulos, encontramos o núcleo da tese. Ronny retorna sua discussão ao Brasil, que teve sua década de 60 abortada em seus sonhos pelo golpe civil-militar de 1964. A reação ao golpe passou pela luta política, mas também pelo "desbunde", pela busca de microespaços de liberdade e contestação em psicoterapias e práticas alternativas. Na busca de experiências concretas que se desenvolveram como modos de resistência, o autor lembra-se de psicólogas rogerianas envolvidas na luta armada contra o regime militar, do docente humanista que orientou dissertação sobre Paulo Freire e do uso da psicologia humanista, da metodologia não diretiva, entre outras. Enfim, aponta que mesmo que houvesse na psicologia humanista uma visão do homem como sendo autossuficiente, dotado de um poder pessoal que tendesse à autorrealização, com a crença de que a mudança da ordem social deveria partir da mudança pessoal, sua entrada no Brasil durante os anos de chumbo possibilitou que fosse utilizada também como força emancipatória.

Para concluir, lanço a pergunta: ao contrariar a avaliação de Foucault, diretamente enunciada sobre o Movimento do Potencial Humano (MPH), Ronny produziu uma tese antifoucaultiana? Para responder a isso, traçarei um paralelo às duras críticas feitas por Foucault, a partir da década de 70, à psicanálise. Suas críticas tinham por base as práticas na Europa, principalmente na França. Contudo, admitia que essa experiência tivesse variações em outros países. Em entrevista de 1975, Foucault citou o exemplo do Brasil onde, à época, "a psicanálise desempenhava um papel político positivo de denúncia da cumplicidade entre os psiquiatras e o poder"[5], enquanto em países do leste europeu são os psiquiatras mais disciplinados que se interessam pela psicanálise. E conclui dizendo que a psicanálise, "em algumas de suas atuações", produz efeitos de controle e normalização e, em outras, de inovação e resistência ao poder. As pesquisas desenvolvidas por Foucault sustentavam a defesa do "caráter local da crítica". Genealogicamente, importa tratar da psicanálise ou da psicologia humanista não como universais abstratos, mas analisar como elas "acontecem" em determinados locais, em determinadas épocas.

Outro elemento nessa mesma direção está contido na avaliação feita por Foucault sobre as artes da existência na modernidade:

> essas técnicas de si perderam, sem dúvida, uma parte de sua autonomia quando foram integradas ao exercício de um poder pastoral e, mais tarde, a práticas de tipo educativo, médico ou psicológico[6].

Sem dúvida, a posição de Foucault é cética em relação às práticas psicológicas. Porém, não exclui fechar a possibilidade de que as práticas médicas e psicológicas possam ainda produzir certo grau de autonomia ou liberação do sujeito.

Como crítica local, Ronny defende sua tese – de inspiração foucaultiana – sobre a Psicologia Centrada na Pessoa, em sua entrada nas terras brasileiras.

João Leite Ferreira Neto
Pós-doutor em Psicologia Social pela UERJ
Doutor em Psicologia Clínica pela PUC/SP
Professor da PUC Minas

---

[5] FOUCAULT, M. *Microfísica do poder*. Rio de Janeiro: Graal, 1979, p. 150.
[6] FOUCAULT, M. *História da sexualidade 2:* o uso dos prazeres. Rio de Janeiro: Graal, 1984, p. 15.

INTRODUÇÃO

Como e por onde caminhar, sentindo-me em um percurso incerto, de múltiplos afluentes, tendo a psicologia como formação básica?

*

As discussões acadêmicas brasileiras sobre a psicologia clínica apresentam, basicamente, duas tendências distintas: uma que se volta exclusivamente para o campo representacional, para a busca de significados da experiência vivida, e outra que tenta dar conta do não representacional, rompendo com a busca exclusiva de identidades e significações.

A primeira tendência visa a atender o sujeito que se quer pleno, que quer saber quem é, ou até mesmo o que poderá vir a ser, que pretende uma ordem, uma organização possibilitando a previsão, o domínio e o controle de si. Pode-se pensar aqui em duas plataformas básicas: a plataforma humanista-existencial e a tecnocrática.

Na plataforma humanista-existencial, circula o discurso da desalienação, da liberdade e da responsabilidade individual. Figueiredo (1995) observa que, nessa plataforma, "a categoria básica para pensar a existência seria o *projeto* e que o trabalho terapêutico estaria voltado para a consolidação individual de *projetar*, de esclarecer e implementar seu projeto de vida" (FIGUEIREDO, 1995a, p. 87). Já na plataforma tecnocrática, está presente a ideia de que:

> o controle de si, necessário para o controle do mundo físico e social, implica em desenvolver e por à disposição do indivíduo uma tecnologia comportamental. A apropriação pelo cliente destas técnicas o elevaria à condição de sujeito. (FIGUEIREDO, 1995a, p. 87).

Segundo Figueiredo (1995), em que pesem as diferenças de ênfase e linguagem, há uma base comum a essas duas plataformas.

A segunda tendência vai além do campo das representações e dos sujeitos. Creio que essa tendência é especialmente voltada para uma clínica analítica existencial e para uma clínica psicanalítica, ambas reorientadas, que saibam lidar com a incerteza e que dê conta das questões emergentes na contemporaneidade. Clínicas que proponham o convívio e o acolhimento da diferença, do estranho, do enigma da capacidade que temos de afetar e de sermos afetados. Aqui se pretende lidar com a alteridade (identidade e diferença) como forma de experimentar a vida. Tais propostas clínicas querem, de algum modo, estabelecer-se fora ou além do campo representacional, isto é, pretendem conviver com momentos em que há ausência de significação, com o caos que essa ausência implica e que, ao mesmo tempo, é também possibilitador de infinitas significações.

Ao iniciar meu trabalho como psicólogo, optei pelo referencial teórico da psicologia humanista por entendê-la como uma proposta mais instigante em psicologia clínica. Embora estivesse fundamentada em concepções filosóficas complexas, considerava o acesso a essas teorias mais atraente que o de outras tendências nessa área. No território dessa psicologia, pretendia-se que não houvesse nenhuma espécie de monopólio do conhecimento, nem segredos escondidos aos não iniciados, nem qualquer hierarquia de saberes. Na época, essas ideias influenciaram-me o bastante para que se definisse minha escolha.

Dessa forma, minha própria experiência profissional gerou o interesse em investigar questões relativas à psicologia humanista.

Para Andrade (1996), a psicologia, de um modo geral, desde sua instituição como ciência, vem sofrendo contínuas crises e transformações em virtude da demanda de um *socius* em movimento constante. Segundo essa autora, antigas questões sobre a constituição do sujeito e da sociedade vêm sendo retomadas sob diversos ângulos, e essa diversidade é constitutiva da própria psicologia.

> [Observa-se] uma variedade de práticas clínicas, sustentadas por teorias que encerram não só a definição do objeto a ser estudado (comportamento, subjetividade, inconsciente etc.), mas sua compreensão de como esse objeto 'se dá' no mundo. E, enquanto prática social, cada teoria psicológica está sempre sendo instituída pelo *socius* e instituindo modos de ser, modos de estar e se relacionar no mundo; ou seja, instituindo uma ética (às vezes, uma moral).
>
> Apontar para a diversidade das psicologias contemporâneas, como tem sido realizado em muitos trabalhos, não é, entretanto, suficiente. Fazem-se necessárias avaliações dos caminhos que estão sendo instituídos, de como estas práticas estão sendo elaboradas e vividas no cotidiano do corpo social. Não se trata de 'afirmar num discurso racional' que a psicologia é múltipla e trabalha na multiplicidade, mas de vivê-la enquanto um processo que engendra, efetivamente, novas formas de existência. (ANDRADE, 1996, p. 3).

O propósito deste trabalho é justamente o de lançar a psicologia humanista brasileira no debate contemporâneo sobre as questões atuais dos processos de subjetivação[7]. Ciente dos riscos que aguarda qualquer um que queira considerar a psicologia humanista de um modo geral – tendo em vista, evidentemente, a pluralidade de autores que declaradamente participam dessa vertente teórica –, achei mais prudente considerar os escritos de um autor específico. Desse modo, neste trabalho, discutirei em

---

[7] Alguns autores brasileiros, como Costa (1984); Figueira (1985); Coimbra (1995); Figueiredo (1995); Rolnik (1995); Ferreira Neto (2002), Feijoo (2011) etc., já há algum tempo vêm estudando como a conjuntura histórica participa dos processos de subjetivação.

particular a proposta de Carl Rogers.[8] Pretendo fazer algumas considerações históricas sobre a proposta clínico-teórica desse autor no contexto das psicologias existentes no Brasil. Gostaria, sobretudo, de mostrar como e em que contexto sociocultural a proposta de psicologia humanista de Carl Rogers surgiu no Brasil.

As questões principais a serem consideradas nessa pesquisa dizem respeito à entrada, no Brasil, da proposta de uma psicologia como a rogeriana e que tipo de homem ela possibilita constituir. Dialogo, especialmente, com uma ideia muito difundida no Brasil: a de que os psicólogos rogerianos brasileiros deixaram (ou evitaram) de considerar fatores cruciais como o "social" e o "político", e que, portanto, a psicologia por eles praticada é distante da realidade, sendo, em termos gerais, a-histórica.

A perspectiva teórico-metodológica que estou assumindo é a apresentada por Michel Foucault (1926-1984). Para esse filósofo francês, a psicologia, seja ela qual for, assim como as outras ciências humanas, tem como pretensão discursiva enunciar verdades efetivas acerca do homem. Para esse autor, o saber das ciências humanas, como produtor da verdade, tem seu lugar de elaboração na época moderna. Seus fundamentos baseiam-se em um critério de classificação dos indivíduos em função de sua assimilação a um dos dois domínios: o "normal" ou o "patológico".

A partir dessa perspectiva, venho entendendo as propostas teóricas em psicologia como práticas de subjetivação, como dispositivos de produção de subjetividades. De acordo com Ferreira Neto (2002), por exemplo, as psicologias, mais recentemente, podem ser reconhecidas como dispositivos de subjetivação; como

---

[8] Wood et al. (1994) informam que, em uma consulta a psicólogos clínicos e conselheiros norte--americanos, aos quais foi solicitada a indicação de 10 terapeutas mais influentes nos EUA, o nome de Rogers aparece no topo da lista. Carl Rogers escreveu e publicou mais de 250 artigos e cerca de 20 livros. Foram feitos, aproximadamente, 12 filmes sobre o seu trabalho. As proposições teóricas de Rogers têm sido também entendidas como possibilitadoras de contribuições para a prática na educação.

uma biopolítica, uma política de produção de vida em estreita conexão com os movimentos históricos e sociais. Desse modo, meu interesse com esse estudo é saber se a proposta rogeriana de psicologia exerce ou não uma função normalizadora de produção de subjetividades. Pretendo, sobretudo, discutir o tipo de subjetividade que essa proposta clínica aspira a produzir quando propõe aos participantes dessa psicologia que se conduzam de acordo com seus pressupostos teóricos. Simultaneamente, a partir da problemática abordada por Foucault, buscarei compreender os campos de relações de forças nos quais se constituem os jogos de poder e de verdade, e não apenas deter-me em uma suposta verdade documental.

Para tanto, estudo como está organizado o projeto teórico-prático da psicologia humanista, mais especificamente da psicologia humanista proposta por Carl Rogers, a partir de um referencial teórico fundamentado na problemática aberta por Foucault.

A tese principal que mais adiante estará sendo apresentada é de que essa proposta clínica e teórica de psicologia está, desde o seu surgimento, comprometida tanto com esforços de moralização e normalização da conduta dos indivíduos, por meio do exercício de formas de subjetivação que aliam sujeição e disciplina, quanto com propostas e esforços, buscando a emancipação e a liberdade. Esses dois polos contraditórios caracterizam os indivíduos que vivem no mundo moderno e contemporâneo. Entre ambos nos debatemos, tendendo ora para a sujeição, ora para a liberdade. Desenvolvo minhas reflexões em torno da ideia das *resistências* que os sujeitos elaboram para fazer face aos processos de normalização e de disciplinarização.

Em síntese, o trabalho que será aqui apresentado visa à realização de uma revisão do contexto histórico e cultural que possibilitou o surgimento da psicologia humanista e da concepção de homem que sustenta, particularmente, a proposta rogeriana. Penso ser indispensável trabalhar essas questões, antes mesmo de nos aprofundarmos em quaisquer outras discussões dentro dessa proposta de psicologia.

No texto sobre Foucault, primeira parte do livro, discorro sobre os três eixos de análise propostos por esse autor. Segundo Foucault, três questões são possíveis, a partir do seu pensamento: a questão da verdade, a questão do poder e a questão da ética como prática da liberdade:

> Primeiro, uma ontologia de nós mesmos em relação à verdade através da qual nos constituímos como sujeitos de saber; segundo, uma ontologia histórica de nós mesmos em relação a um campo de poder através do qual nos constituímos como sujeitos de ação sobre os outros; terceiro, uma ontologia histórica em relação à ética através da qual nos constituímos como agentes morais. (FOCAULT, 1994, p. 393).

Essas três questões abrem o espaço para uma questão fundamental, subjacente ou claramente tematizada, que, segundo o autor, interessou a ele durante toda sua trajetória teórica: a questão do sujeito.

As análises que farei aqui recorrem, especialmente, ao segundo eixo (genealógico) da sua proposta.[9] Nas partes subsequentes (segunda e terceira), reconstruo, mais lógica do que cronologicamente, em vista do contexto sociocultural dos anos 60, o percurso teórico que possibilitou a organização de uma psicologia humanista como a rogeriana. Na quarta parte, partindo, prioritariamente, de entrevistas realizadas com alguns profissionais

---

[9] A genealogia é a utilização da história para evidenciar a contingência de nossas subjetividades e de nossas práticas; ela "serve" para evidenciar as configurações de poder que nos produziram e a política de verdade que instituímos com nossos discursos. Segundo Garcia, "a genealogia adota sempre a perspectiva do poder para contra ele se voltar e descrevê-lo no seu exercício e funcionamento mais meticuloso e nos seus efeitos mais insidiosos" (GARCIA, 2002, p. 119).

(psicólogos e educadores) que trabalham ou já trabalharam com a psicologia rogeriana, discorro, do meu modo, sobre como está organizada a proposta rogeriana de psicologia no Brasil. Na última parte, no sentido não de concluir, mas de possibilitar novas reflexões, escrevo sobre a provocativa questão de "ser" ou "não ser" rogeriano, atualmente, no Brasil, e quais os principais desafios a serem enfrentados para isso.

PARTE 1

"RELEMBRAR" FOUCAULT

*Deve-se evitar a alternativa do fora e do dentro;
é preciso situar-se nas fronteiras.*
Michel Foucault

É comum afirmar-se, hoje em dia, no meio acadêmico, que a questão do método, se bem definido, é suficiente para assegurar o êxito de uma pesquisa. Ainda que essa afirmação não seja totalmente exata, deve-se reconhecer, cada vez mais, a importância da definição metodológica nas pesquisas acadêmicas. Pode-se inferir, inclusive, que, se a definição pura e simples do método não é condição suficiente para garantir o êxito da pesquisa, ela é, sem dúvida, condição necessária para a viabilização do estudo a ser realizado. Geralmente, o termo *método* é definido como "o conjunto de procedimentos que serve de instrumento para atingir os fins que se quer alcançar" (ASTI VERA, 1979, p. 8). Pode também ser simplesmente entendido como "caminho", ou então como o meio pelo qual se atinge um objetivo.

A busca de definição metodológica, tendo em vista a realização de uma reflexão sobre a proposta de psicologia rogeriana na história da Psicologia no Brasil, levou-me à aproximação da obra de Michel Foucault. As ideias desse autor são um convite a criar o mundo sempre mais uma vez. Essa é também a tarefa da sua proposta de análise histórica. Assim, mesmo sem ser oficialmente filósofo ou historiador da filosofia, sabendo inclusive dos riscos que correm aventureiros nesse campo, vejo-me envolvido na problemática de pensar as questões acima referidas, recorrendo ao referencial teórico-metodológico desse autor.

1.1 A proposta metodológica de Michel Foucault

É possível fazer uma aproximação da obra de Michel Foucault utilizando vários recursos. Um deles é estudando os seus momentos metodológicos, as suas estratégias de pesquisa etc. Outro recurso é o estudo temático: um tema viável, por exemplo, e que perpassa toda sua obra é a discussão que estabelece em relação à produção da verdade. Outro tema recorrente em seu trabalho é a problemática do sujeito.

Michel Foucault traz para o espaço do pensamento contemporâneo um novo procedimento para analisar a realidade. Sua proposta se apresenta em uma tripla perspectiva: arqueologia do saber, genealogia do poder e uma reflexão sobre os processos de subjetivação.[10] Por "saber", entende todo discurso que possui uma "positividade", independentemente de sua classificação como científico, filosófico, artístico, religioso etc. Essa concepção de saber permite que se pergunte em que condições se tornou possível a eleição de determinados saberes como "verdadeiros" em detrimento de outros, desqualificados como tais e sujeitos aos critérios de verdade vigentes em uma determinada época.

Sobre "poder", Foucault coloca suspensos alguns postulados que têm ordenado a compreensão desse conceito em nossa época. De modo geral, o que caracteriza sua posição em relação à

---

[10] Segundo Muchail (1988), a obra de Foucault apresenta três períodos bem distintos. O primeiro envolve os principais livros publicados entre 1961 e 1969 (*História da loucura*, 1961; *O nascimento da clínica*, 1963; *As palavras e as coisas*, 1966; *A arqueologia do saber*, 1969). O segundo, os livros escritos na década de 1970 (*Vigiar e punir*, 1975; *A vontade de saber* – que é o volume 1 da *História da Sexualidade* -, 1976). E, finalmente, o terceiro, que apresenta uma outra visão de Foucault: novo estilo, nova descoberta de um campo de reflexão (a ética), é composto pelas obras: *O uso dos prazeres*, 1984 e *O cuidado de si*, 1984, que são os volumes 2 e 3 da *História da Sexualidade*.

questão do poder é a tentativa de se afastar tanto da concepção jurídica do poder quanto de uma certa interpretação marxista, para quem o poder se exerce, seja pela violência, seja pela ideologia, a partir de um instrumento que garanta o seu exercício – o Estado e seus aparelhos. Ele realça a positividade do poder, no sentido de que o poder é produtor: o poder produz saber. Segundo Foucault, temos que deixar de descrever sempre os efeitos de poder em termos negativos: "ele 'exclui', 'reprime', 'censura', 'abstrai', 'mascara', 'esconde'. Na verdade, o poder produz; ele produz realidade, produz campos de objetos e rituais de verdade" (FOUCAULT, 1979, p. 172).

Sobre os "processos de subjetivação", eis como Foucault (1984) define em poucas palavras essa etapa de seu trabalho e redefine o que apresentara antes: analisar não os comportamentos nem as ideias, não as sociedades nem suas ideologias, mas as problematizações por meio das quais o ser se dá como podendo e devendo ser pensado e as práticas a partir das quais elas se formam. Seu interesse, nesse momento, consiste em elaborar uma história da subjetividade a partir das diferentes tecnologias de si.

A intenção de Foucault é o estudo das diferentes práticas (*ascese*)[11] que permitem ao indivíduo estabelecer uma determinada relação consigo e esboçar diferentes pontos de resistência contra o poder subjetivante. Desenvolvo, a seguir, cada um desses eixos de procedimento metodológico apresentados por Michel Foucault.

---

[11] De acordo com Ortega (1999), Foucault recupera a ideia de *ascese*, dos gregos, como arte de vida, autoelaboração e autoinfluência, como possibilidade do sujeito se constituir. A *ascese* investigada por Foucault seria a da elaboração de si mediante o cuidado contínuo com a verdade.

1.2 O eixo arqueológico

As obras da arqueologia – livros dos anos 60 – são as que marcam uma preocupação específica com os estratos de saber e as práticas discursivas. Tradicionalmente, arqueologia é a ciência que estuda a vida e a cultura dos povos antigos por meio de escavações ou de documentos, monumentos, objetos etc. O trabalho do arqueólogo é vasculhar o solo na busca dos princípios, das formas de constituição. Foucault é um arqueólogo do saber: escava o solo epistemológico de determinada época, articulando os saberes e descobrindo sua vinculação com as instituições. A história arqueológica caracteriza-se, sobretudo, pela tentativa de demarcar as condições de existência dos discursos, dos objetos que os constituem, dos sujeitos que os enunciam, em especial dos discursos que tomam o homem como seu objeto e que habilitam determinados tipos de sujeito a conhecê-lo.

A arqueologia do saber é um estilo de pesquisa que procura descobrir a constituição dos saberes, privilegiando as inter--relações discursivas e suas articulações com as instituições. Houve um tempo em que a arqueologia foi tomada como disciplina dos monumentos mudos, dos rastros inertes, dos objetos sem contexto e das coisas deixadas pelo passado. "Poderíamos dizer, jogando um pouco com as palavras, que a história, em nossos dias, se volta para a arqueologia – para a descrição intrínseca do monumento" (FOUCAULT, 1997, p. 8).

Segundo Machado (1982), Foucault recorreu ao termo "arqueologia" especialmente para fazer uma distinção entre a sua maneira de pesquisar e a dos epistemólogos.

Machado (1982) procura esclarecer a ideia de que a arqueologia sempre esteve ligada ao projeto de escapar da perspectiva epistemológica. Para esse autor, o que distingue os dois tipos de abordagem histórica é a formulação da diferença de dois níveis próprios de análise: a arqueologia, tendo como objeto o saber, e a epistemologia, cujo objeto é a ciência.

> Sabemos que a epistemologia tem como objeto as ciências por ela investigadas em sua historicidade, a partir da constituição histórica de seus conceitos, isto é, quanto ao tipo de progresso que os caracteriza, quanto à instauração de critérios de racionalidade etc. A arqueologia, dando-se como objeto o saber, reivindica a independência de suas análises com relação ao projeto epistemológico e seus critérios, a partir da primordialidade do saber com relação à ciência. (MACHADO, 1982, p. 154).

Foucault, no lugar da busca epistemológica de um método para as ciências humanas, procurou denunciar os efeitos que enunciados ditos e tidos como científicos produzem à chamada *política da verdade*. Em suas análises arqueológicas, trata sempre de analisar discursos, sendo que a novidade se encontra especialmente na maneira como os discursos são tematizados.[12] Para ele, a análise dos discursos será a descrição de uma dispersão.

Segundo Foucault, em cada época encontramos uma *configuração geral do saber* que se manifesta nos vários saberes particulares. A tarefa da arqueologia visa "compreender" o que, em uma determinada época, é permitido dizer, como se pode dizê-lo, quem pode dizê-lo, a que instituições isso se vincula etc. De um modo geral, o arqueólogo visa investigar como os saberes aparecem e como se transformam. Concretamente, trata-se de buscar, em uma determinada época, os processos discursivos que nela existam, percebendo sua ligação com a *épistémè*, que pode ser entendida como um conjunto especificamente discursivo e

---

[12] As análises são feitas sem respeitar a distinção de tipos de discursos, sem obedecer às tradicionais distribuições dos discursos em ciência, poesia, romance, filosofia etc..., sendo assim capaz de dar conta do que se diz em todos esses domínios, sem se sentir limitado por essas divisões. Para Machado (1979), de acordo com Foucault, os discursos não têm princípios de unidade. E daí surge a ideia de analisá-los como uma pura dispersão.

que existe de maneira exclusiva em determinada época. É importante esclarecer também que *épistémè* não é sinônimo de saber; significa a existência de uma ordem, de um princípio de ordenação histórica anterior à ordenação do discurso estabelecida pelos critérios de cientificidade.

Na proposta arqueológica, o conceito fundamental é o de "solo epistemológico", que é apresentado e desenvolvido por Foucault em seu livro *As palavras e as coisas – Uma arqueologia das ciências humanas*, obra essa que pode ser caracterizada como uma grande crítica aos pressupostos da nossa moderna maneira de pensar.

As palavras e as coisas é um livro que pretende realizar uma arqueologia dos saberes representadas pelas ciências humanas.

> Nesse texto a discussão sobre um conjunto de conhecimentos e práticas dispostos em torno de uma ciência dá lugar a uma noção mais ampla, a noção de saber. O que está em jogo são as condições históricas que permitem o surgimento e a organização de um tipo de saber sobre o homem. Seu estatuto científico ou não científico pouco importa. Importa identificar o solo que informa e organiza a constituição desses saberes. (FONSECA, 2001, p. 46).

Foucault chama de modernidade o período histórico compreendido pelos séculos XIX e XX. Em *As palavras e as coisas*, o autor vai também repensar a história ocidental do século XVII em diante. Nela,

> Foucault pretende mostrar como nossa moderna maneira de pensar, na qual a figura do homem ocupa um lugar central, é uma entre outras formas possíveis. Em especial destaca três áreas do saber – vida, trabalho e linguagem – nas quais as profundas transformações ocorridas no século XIX deram lugar não a remodelações dentro de uma ciência, mas, rigorosamente, ao nascimento de novas ciências

> com novos objetos: a análise das riquezas, a história natural e a gramática, características da Idade Clássica (século XVII e XVIII), desapareceram para dar origem à Economia Política, à Biologia e a Lingüística (Filologia). É nesse contexto que nascem as Ciências Humanas e surge a figura do homem no espaço da representação. [...]. Nessa obra, o conceito de Solo Epistemológico é o elemento chave para que se possa discernir as rupturas, o nascimento de novos saberes e, finalmente, o papel do homem e das ciências humanas a partir do século XIX. (GUAZZELLI, 1994, p. 17).

Em *As palavras e as coisas*, Michel Foucault procurou compreender o solo sobre o qual os saberes se movem. Em especial, os saberes e as sociedades que nos antecederam. Foucault usa propositadamente a palavra "solo", que significa literalmente aquilo sobre o qual nós nos movemos. De acordo com Machado (1982), a cada época histórica determinada corresponde uma certa *épistémè*, uma estrutura de ordenação dos saberes, um campo fértil que serve de base para sua germinação, eclosão e crescimento de saberes. Foucault assinala que o saber só é possível porque "em toda cultura, entre o uso do que se pode chamar os códigos ordenadores e as reflexões sobre a ordem, há a experiência nua da ordem e de seus modos de ser" (FOUCAULT, 1990, p. 11).

Segundo Foucault, a modernidade – séculos XIX e XX – é o "nosso solo", a nossa forma de pensar e compreender a realidade. Esse solo, segundo ele, começa a apresentar "rachaduras". Para compreender o que estava acontecendo, foi procurar no subsolo da modernidade, nos séculos XVII e XVIII, e, com isso, descreveu uma outra etapa, que denominou de Idade Clássica. No intuito de circunscrever também a Idade Clássica, Foucault volta ainda mais no passado e chega até o século XVI, que também foi por ele estudado. É importante lembrar que Foucault não segue, em seus trabalhos, a terminologia dos historiadores. Para ele, principalmente em seus primeiros trabalhos, os períodos que estuda, organizam-se assim: Renascença (século XVI), a Idade Clássica (séculos XVII e XVIII) e Modernidade (séculos XIX e XX). Ele realiza uma análise estrutural das "camadas" de saberes acumuladas nessas três regiões.

Ao traçar os contornos desses "três mundos", dessas três culturas diferentes, o autor não diz exatamente como foi possível que um período começou e o outro desapareceu, mas procura desvendar a constituição dos saberes nessas diferentes épocas, indicando uma continuidade não linear nas descobertas e avanços. Ele assinala que existe uma descontinuidade, uma ruptura, um corte epistemológico, de uma época para outra. Esses cortes marcam a constituição de novas ciências, com novos objetos e novos métodos de pesquisa, distintos dos saberes das épocas anteriores.

1.3 O eixo genealógico

Os escritos de Foucault nos anos 70 — obras do período chamado de genealogia — demonstram a intensidade da questão do poder em seu pensamento, do poder e da sua implicação na constituição da subjetividade.

A partir de 1975, mais especificamente, Foucault apresenta em suas obras publicadas o segundo eixo de seu método, complementando a arqueologia do saber com um projeto de genealogia do poder. À pergunta arqueológica, pela qual investiga o "como" do aparecimento e da transformação dos saberes, Foucault acrescenta uma pergunta genealógica, ou seja, uma questão que vai na direção do porquê dos saberes, passando a entender a realidade dos saberes como um jogo de forças, sem fio condutor. A interpretação desse jogo, segundo ele, caberá à análise genealógica, que deverá estudar como foi possível uma tal formação discursiva constituir-se historicamente.

A pesquisa genealógica recobre uma problemática desenvolvida sob esse nome primeiramente por Fridriech Wilhelm Nietzsche, filósofo alemão nascido na cidade de Roecken, em 15 de outubro de 1844. Segundo Foucault (1979), para Nietzsche, o termo "genealogia" significa proveniência, origem, surgimento e/ou invenção. Além da busca da questão originária dos valores morais, a genealogia nietzschiana também visa demonstrar, a partir de perspectivas[13] diversas, como esses valores tiveram suas respectivas valorações alteradas, aumentadas ou diminuídas no decorrer da história.

Na *Genealogia da Moral*, trabalho publicado por Nietzsche em 1887[14], o autor não só procura explicitar a avaliação genealógica, mas também ainda opera claramente com ela. Seu empreendimento teórico visa resgatar as configurações morais que se efetivaram ao longo da história, buscando determinar o próprio valor da moral. A análise nietzschiana centra-se na interpretação, pois não existem fatos morais, apenas interpretações que são tomadas pela tradição como fatos. Nietzsche recorre à genealogia para o estudo e o conhecimento da criação e das condições de criação dos valores morais. Segundo ele, a genealogia deve partir da investigação dos valores, pretendendo com isso dar conta da sua emergência. Para Nietzsche, os valores devem ser questionados. Ou seja, deve-se perguntar sempre: qual é o valor dos valores? São sintomas de declínio ou ascensão? Denigrem ou exaltam a vida?

---

[13] A noção de *perspectiva* é fundamental para o estudo da filosofia de Nietzsche. Para esse filósofo, o mundo é cognoscível, porém é diversamente interpretável, não tem sentido por trás de si, mas vários sentidos, o que constitui o perspectivismo.

[14] *A Genealogia da Moral* é uma obra composta de três dissertações, que podem ser lidas como três ensaios autônomos. Escrito originalmente como complemento e esclarecimento a *Além do bem e do mal*, esse trabalho encontra sua unidade por tratar, no seu conjunto, de um mesmo tema: a moral. Essa obra é vista também por alguns interpretes de Nietzsche como seu primeiro trabalho rigorosamente filosófico.

Marton (1990) ressalta que, mais do que um procedimento utilizado por Nietzsche para esclarecer a origem dos valores, a genealogia é a autêntica ciência da moral – é a própria história da moral. Vale dizer que, sempre que se trata da moral, está geralmente em causa um conjunto constitutivo, um corpo de pensamentos e teorias, de leis e de regras, destinados a regular, a legislar o comportamento humano, seja ele individual ou coletivo, privado ou público.

Para Nietzsche, entretanto, deve-se entender a história da moral não apenas como a regra de comportamento imposta ou os costumes efetivamente seguidos por qualquer indivíduo, grupo ou sociedade de qualquer época, mas, sobretudo, como a teoria das relações de dominação sob as quais se origina o fenômeno "vida". Segundo ele, a moral está submetida ao curso comum dos processos naturais, isto é, os sentimentos morais, os juízos morais, nascem, crescem, procriam e perecem.

Nietzsche realiza uma releitura da história da moral, buscando na descrição dos costumes o modo de estabelecimento do valor. É esse *affair* que ele chama de genealogia "como história da moral" (NIETZSCHE, prefácio, § 7º), no sentido de remontar aos ancestrais, ao rebento originário. A história da moral visa explicitar os códigos morais, os modos como as pessoas se comportam em relação aos códigos e o tipo de relação que as pessoas têm ou tiveram consigo mesmas, em determinadas épocas históricas.

Nietzsche, especificamente, empreende uma história natural da moral, preparatória de uma genealogia tipológica das diversas formas de moral. Outro dado que pode ajudar a esclarecer um pouco mais a pesquisa genealógica é a forma como Nietzsche concebe a vida. Para ele, os conceitos de vida e valor estão intimamente ligados.

"Viver", define Nietzsche, é essencialmente apropriação, violação, dominação do que é estrangeiro e mais fraco, opressão, dureza, imposição da própria forma, incorporação e, pelo menos no mais clemente dos casos, exploração. Nietzsche refere-se também a "estilo", "nobreza" e "beleza de viver", em uma estilização da vida; da vida como obra de arte, ou então como constituir a si mesmo como trabalhador da beleza de sua própria vida, ou ainda como fazer com que a vida fique mais ampla, mais ativa, mais afirmativa, mais rica em possibilidades. Para ele, é dentro da dimensão da vida terrena que é preciso e possível libertar a vida. Machado (1984) esclarece que, em Nietzsche, o sentido de qualquer configuração (humana, física, psíquica) encontra-se na força atual que dela se apropria. Há sempre, pois, uma pluralidade de sentidos, e cada interpretação é uma dominação, uma apropriação de forças. Para esse autor, Nietzsche propõe que se faça qualquer apreciação passar pelo crivo da vida. Isso equivale a dizer que, seja o que for que estiver sendo analisado, deve ser confrontado com a seguinte questão: "isso" serve para promover ou obstruir a vida?

Desse modo, submeter ideias ou atitudes ao exame genealógico é o mesmo que inquirir se são signos de plenitude de vida ou da degeneração. Avaliar qualquer prática ou teoria em termos nietzschianos significa, antes de qualquer outra coisa, questionar se ela é sintoma de vida ascendente ou declinante. Ou então, pode-se também perguntar: a que problemas responde a questão da genealogia? Segundo Machado (1984), a orientação geral da genealogia, sua preocupação constante, é a busca de "novas vias" para a cultura, contrapartida de uma crítica da cultura dominante platônico-cristã.

Com isso, evidencia-se que Nietzsche coloca em causa os "ideais" dessa cultura, tais como eles se traduzem em uma moral, uma ciência, uma religião, uma filosofia e em concepções políticas que dominam a civilização ocidental, há mais de 20 séculos.

Foucault toma esse vetor nietzschiano e discute as condições de possibilidade da verdade. No ensaio *Nietzsche, a genealogia, a história* (1979), sugere como ponto de partida a recusa de Nietzsche de realizar uma pesquisa da "origem" (*Ursprung*). Segundo ele, para Nietzsche, pesquisar a "origem", entendida no sentido de *Ursprung*, seria, ao mesmo tempo, ir em busca da essência, da perfeição e da verdade. Seria o mesmo que permanecer no solo da metafísica que ele tanto evitou e, por conseguinte, permanecer enredado nas ficções por ela produzidas. Nesses textos, Foucault procura explicitar o que é interpretação e o que é genealogia em Nietzsche. Marton (1985) assinala que, para Foucault, o caráter inovador do pensamento nietzschiano residiria no fato de ele ter inaugurado uma nova hermenêutica. "Nietzsche não se empenharia em tratar dos significados nem se preocuparia em falar do mundo, mas se dedicaria a interpretar interpretações" (MARTON, 1985, p. 39).

Inspirando-se em Nietzsche, Foucault desenvolveu a investigação genealógica opondo o "modelo estratégico nietzschiano às concepções predominantes nos setores de esquerda dos anos 70, quase unanimamente marxistas" (SILVA, 2001, p. 13).

É importante ressaltar também que, tanto para Nietzsche quanto para Foucault, não existe "a verdade": o que existe são modos de produção da verdade que variam nas sociedades e épocas. Para Nietzsche, a verdade não passa de uma produção, do triunfo do ponto de vista das forças dominantes. Já para Foucault, deve-se entender por verdade "o conjunto de regras segundo as quais se distingue o verdadeiro do falso e se atribui ao verdadeiro efeito específico de poder" (FOUCAULT, 1979, p. 37).

Nietzsche acredita que o homem tem um espírito gregário e, para que exista o mínimo de gregariedade, de agrupamento, é necessário um certo consenso em torno do que seja a verdade. O espírito gregário ou a natureza gregária do ser humano é que instala no homem essa vontade de verdade. A questão, no entender de Nietzsche, responde a uma vontade de segurança que o ser humano tem. Para ele, o homem se comporta como um animal de rebanho. Assim, estar ao lado da verdade aparentemente traz segurança ao homem, permitindo-lhe evitar tudo aquilo que possa ser fantasmagórico e qualquer coisa que ameace a sua existência.

Nietzsche se pergunta: o que é a verdade? E responde: as verdades são ilusões, das quais se esqueceu que o são (NIETZSCHE, 1978). Assim o estabelecimento da verdade teria como pressuposto a ideia de ilusão, a ilusão do verdadeiro conhecimento, a ilusão da verdadeira religião, da verdadeira moral etc. O homem luta contra as ameaças da vida se defendendo, alojando-se dentro da verdade.

> Foucault, ao assumir a ideia de que a verdade é uma produção, ao considerá-la como um efeito de superfície de jogos e afrontamentos subterrâneos, ao considerar a verdade como um ponto de vista que triunfou numa correlação de forças, coloca-nos a tarefa de desvendarmos os regimes de verdade sustentados por práticas institucionais, discursivas ou não. (SILVA, 2001, p. 27).

Na cultura ocidental, a palavra "método" está, de modo geral, associada à ideia de verdade, ou melhor, de capturar a verdade em conceitos. O termo "método" vem do grego *méthodos* e significa "via, caminho", no sentido de pesquisa e investigação científica (CUNHA, 1982, p. 517). Michel Foucault, seguindo Nietzsche, desconfia de qualquer proposta de "método" que traga no seu bojo uma vontade de verdade. A questão, tanto para Nietzsche quanto para Foucault, é saber por que o homem tem tanta necessidade ou vontade de verdade. Para Foucault, assim como para Nietzsche, a interpretação nunca termina, ela permanece inacabada, recortada e suspensa em sua própria imagem.

Na perspectiva desses autores, não há nada a interpretar, nada de absolutamente captável, apreensível e apropriado uma vez por todas. Assim para Foucault, "se a interpretação nunca pode terminar, é que simplesmente não há nada a interpretar" (FOUCAULT, 1987, p. 22). Não há nada absolutamente primeiro a interpretar, porque, no fundo, tudo já é interpretação, cada signo é, em si mesmo, não a coisa que se oferece à interpretação, mas a interpretação de outros signos.

É importante fazer também algumas considerações sobre a relação das análises genealógicas com a história. Foucault, embora fosse filósofo, sempre realizou um trabalho de historiador, mas nunca se tornou um historiador. De acordo com Rago, "é bom lembrar que Foucault não se pretendeu historiador, embora poucos tenham demonstrado um sentido histórico tão forte quanto ele" (RAGO, 1995, p. 70). Ele é um filósofo que inventa com a história uma relação inteiramente diferente que a dos filósofos da história, sempre insistindo na ideia nietzschiana de que "tudo é histórico" "e portanto de que nada do que é humano deve escapar ao campo de visão e de expressão do historiador" (RAGO, 1995, p. 70). A história, para ele, nos cerca e nos delimita; não diz o que somos, mas aquilo de que estamos em vias de diferir; não estabelece nossa identidade, mas a dissipa em proveito do outro que somos.

Para Foucault, a análise genealógica pede-nos uma tomada de distância, uma suspensão da nossa forma habitual de pensar linearmente o tempo e a história.

Além disso, há um outro sentido importante para o histórico em sua obra. O histórico também significaria o não universal e, por isso, suas análises são fragmentadas, delimitadas em contextos bem precisos: a loucura na idade clássica europeia, os modos de subjetivação nas tecnologias de si entre os gregos antigos etc. Não se trataria, assim, de essências universais, mas de processos demarcados no tempo e no espaço.

A genealogia considera como problema filosófico "a questão do tempo presente e daquilo que somos neste exato momento" (RABINOW, 1995, p. 239). Esse sempre tem sido o objetivo e a postura dos genealogistas: problematizar e intervir em questões contemporâneas. Pode-se afirmar, também, que os genealogistas, de um modo geral, trabalham como historiadores, mas ressalte-se que a história, para eles, é movimentada muito mais por questões filosóficas, por problemas, do que por descrições e/ ou relatos de fatos ou acontecimentos. Ou seja, em vez de trabalharem com um tema, trabalham com um problema. Essa é a tarefa dos genealogistas: tentam pensar, seja o que for, como problema. Vale lembrar que Foucault defende a ideia de uma história-problema, ou seja, um trabalho de pesquisa histórica que sirva para iluminar e responder a uma problematização colocada pelo historiador e que desenharia no percurso aberto o próprio objeto de investigação.

Além disso, a genealogia não prioriza as evidências. A história que lhe interessa é aquela que decorre das questões do presente. Para Foucault, a história deve prestar serviços à vida; sua importância reside em fornecer as chaves para as dificuldades do presente. Assim, o método genealógico visa conduzir uma análise a partir de um problema do presente. É a atualidade que interessa.

O fato de Foucault, por exemplo, no momento final de sua vida e obra, abandonar seu período predileto de pesquisa histórica, compreendido entre os séculos XVII e XIX, e retroceder aos gregos, não deve obscurecer nosso entendimento de que seu foco continua sendo o presente, o atual. Na verdade, mesmo tratando de formações históricas, ele os trata em relação a nós, em relação ao hoje.

Em *Vigiar e Punir*, seu primeiro livro da fase genealógica, Foucault parte de graves problemas da atualidade, o aumento das revoltas em prisões em várias partes do mundo. Seu trabalho foi uma história do passado nos termos do presente, uma história do presente. Nesse livro, ele abandona toda a tentação de encontrar na análise dos sistemas de enclausuramento um responsável que poderia ser o Poder ou o Estado. Farge (1984), comentando esse trabalho, apresenta a questão de não haver nele sujeito visível, o que representaria uma ruptura importante com a maneira pela qual comumente trabalham os historiadores. A autora acrescenta, ainda, que esse livro "não pode ser recebido como qualquer livro de História", pois sua intenção política é notória. "Entretanto, é um livro de História, mas totalmente diferente dos outros" (FARGE, 1984, p. 115).

Para Foucault, a história deve ser pensada em sua dispersão, não existindo uma realidade histórica a ser revelada. "Numa referência a Nietzsche, Foucault afirmará que as coisas estão na superfície, e que atrás de uma máscara há outra máscara e não essências" (RAGO, 1995, p. 74). Desse modo, nessa sua proposta de análise da realidade, não se trata de revelar o real, mas sim construir séries, de traçar histórias singulares procurando seus pontos de encontro e de dispersão.

Segundo Veyne, a genealogia – o seu modo de fazer história – não deixa de lado a sociedade, a economia etc., mas estrutura essa matéria de outra maneira: "não os séculos, os povos nem as civilizações, mas as práticas; as tramas que ela narra são a história das práticas em que os homens enxergaram verdades e das suas lutas em torno dessas verdades" (VEYNE, 1982, p. 180). A história se torna, então, história do que os homens chamaram de verdades e de suas lutas em torno dessas verdades.

Desse modo, ao nos referirmos ao método genealógico, seja em Nietzsche, seja em Foucault, deve ficar claro que não se trata de um projeto metodológico definido *a priori*, mas de um processo de avaliação e de modos de procedimentos que se construirão ao longo da análise. A genealogia é também suspeita de um solo oculto. É ainda interpretação de outras interpretações. A genealogia é interpretação como afrontamento do equívoco, do enigma obscuro, dos signos, do ilegível: aquilo que ela busca não é aquilo que se encontra atrás das aparências, um suporte invisível, oculto; porém, a pluralidade do texto e mesmo suas possibilidades múltiplas de significações.

Enfim, Foucault jamais pretendeu pensar em termos de saber definitivo e sistemático. Para ele, seus escritos deveriam ser "caixas de ferramentas" das quais seriam retirados instrumentos para deles se fazer usos diversos.

1.4 Os processos de subjetivação

A proposta é pensar a subjetividade como a experiência de se tornar sujeito. Foucault "diz" um *não* à essência e um *sim* aos processos de subjetivação. Vale lembrar que os projetos de psicologia são, em sua maioria, essencialistas. Pensar a psicologia a partir de uma concepção não essencialista, em que a dimensão da historicidade assume um lugar fundamental, é uma das perspectivas mais importantes que as ideias de Michel Foucault nos possibilita abrir.

À medida que o pensamento de Foucault vai avançando, vai tornando-se mais complexo. Dentre as inúmeras questões que se desenvolvem em suas pesquisas, a problemática do sujeito parece ser uma das preocupações que o acompanham em quase toda a sua trajetória filosófica. "Essa problemática aparece nos trabalhos de Foucault balizada pela noção de que este não é um dado, mas, sim, algo constituído" (FONSECA, 1995, p. 10).

Em texto escrito em inglês, *O Sujeito e o Poder*, a pedido de Dreyfus e Rabinow, o autor alega que o objetivo do seu trabalho nos últimos 20 anos não foi analisar o fenômeno do poder nem elaborar os fundamentos de tal análise; foi discutir a questão do sujeito.

> Meu objetivo, ao contrário, foi criar uma história dos diferentes modos pelos quais, em nossa cultura, os seres humanos tornaram-se sujeitos. [...] Assim, não é o poder, mas o sujeito, que constitui o tema geral de minha pesquisa. (FOUCAULT, 1995, p. 231-232).

Esse tema tomará corpo a partir da discussão aberta no volume dois da sua *História da Sexualidade*. Foucault expõe, ali, seu objeto de pesquisa:

> Tratava-se de ver de que maneira, nas sociedades ocidentais modernas, constitui-se uma "experiência" tal, que os indivíduos são levados a reconhecer-se como sujeitos de uma "sexualidade" que abre para campos bastante diversos, e que se articula num sistema de regras e coerções. O projeto era, portanto, o de uma história da sexualidade enquanto experiência – se entendermos por experiência a correlação, numa cultura, entre campos de saber, tipos de normatividade e formas de subjetividade. (FOUCAULT, 1984, p. 10).

Esclareça-se, então, que não se trata de pesquisar, nesse momento, nem qualquer sujeito, nem qualquer tipo de experiência. Foucault se ocupa agora, principalmente, com a constituição do sujeito da sexualidade. Analisa a sexualidade como um campo, como um dispositivo a partir do qual o poder é exercido, organizando toda uma gerência sobre os indivíduos na nossa sociedade. Se, no início da sua produção teórica, Foucault coloca entre parênteses a questão do sujeito, "agora", nos anos 1980, na fase mais madura do seu pensamento, essa questão ressurge ligada à temática da sexualidade. É necessário discutir a sexualidade, fazendo com que ela seja também tematizada em relação ao cuidado de si. Trata-se de colocar o sujeito no centro da reflexão, mas um sujeito liberado dos atributos que lhe foram dados pelo saber moderno, pelo poder disciplinar e normalizador e uma determinada forma de moral orientada para o código. Segundo Foucault,

> Por toda uma série de razões, a ideia de uma moral como obediência a um código de regras está presentemente em processo de desaparecimento, já desapareceu. E à essa ausência de moral responde, deve responder, uma busca de uma estética da existência. (FOUCAULT, 1994b, p. 732).

A afirmação de Foucault contém uma proposição de uma postura crítica diante das tentativas contemporâneas de encontrar o fundamento para uma moral universal de caráter normativo. Acompanhando as reflexões de Nascimento (2001, p. 2),

> Se levarmos em conta que para Foucault a ética é um modo de relacionamento do indivíduo consigo mesmo a questão que se coloca é eminentemente prática. Não se trata de investigar o *que*, de propor um fundamento que volte a legitimar um código (ainda que mínimo); mas de perguntar-se pelo *como*, do como se constitui o indivíduo como sujeito moral de suas ações. O *como* introduz a variabilidade, a transformação possível, a diversidade. Investigar o como conduz a encontrar-se com o fato de que o fundamento é móvel e altamente transformável (Foucault demonstrou essa tese tanto para o âmbito do conhecimento, como para o político e moral nos seus livros mais célebres). Perguntar pelo como em relação à constituição do indivíduo como sujeito de suas ações supõe aceitar a variabilidade e a diversidade, pensar a ética como criação *de* e a partir da liberdade e pensar o sujeito como obra, obra de si mesmo, obra de arte.

É desse modo que, nesse terceiro eixo metodológico, a questão do sujeito se encontra totalmente ligada à questão da ética. Foucault trabalha nesse momento com o sujeito do ponto de vista ético, voltado para uma ação consigo mesmo. No decorrer do seu trabalho, vai se dando conta de que os conceitos de poder e de saber não são suficientes para trabalhar os sentimentos mais finos do homem. Com isso, ele acrescenta uma outra categoria de análise e passa a se preocupar com a capacidade, com o poder que permite ao indivíduo conduzir-se. Nesse contexto, emerge um conceito de ética, entendida como conduta original do indivíduo, que deve impedir que as relações de poder cristalizem-se e/ou mantenham-se como dominação. Para ele, a relação de si para consigo mesmo, ao mesmo tempo em que é formadora da subjetividade, implica também uma ética. Apesar da amplitude do significado dessa palavra, para Foucault a ética pode ser entendida como o que está aberto para as invenções e criações. Ortega (1999), por exemplo, entende a ética que Foucault nos apresenta como ligada à estética da existência. Algo que nos faz sentir o gosto pela vida por meio do belo. Para Michel Foucault, podemos criar vidas belas, admiráveis.

É certo que Foucault, em momento nenhum, pretendeu oferecer um projeto metodológico acabado, completo, mas se empenhou com bastante rigor para mostrar a possibilidade de orientar os esforços de pensamento e ação na constituição daquilo que ele denominou de *estética da existência*. Apesar de esse trabalho não se concentrar exclusivamente na proposta foucaultiana, é nessa direção que, do meu modo, encaminharei essas discussões.

Enfim, tendo como pano de fundo não os passos, mas os rastros de Foucault, pretendo, neste trabalho, estudar a psicologia humanista de Carl Rogers, tendo em vista sua contextualização sociocultural, visando, sobretudo, levantar algumas condições de possibilidade de entendimento da constituição e instalação dessa proposta de psicologia nas práticas "psi" brasileiras.[15] Meu objetivo, do ponto de vista metodológico, evidentemente não é repetir Foucault, mas me inspirar em suas pistas. O desejo é de encaminhar esse assunto para novos debates, em vista do estágio atual em que se encontra a proposta de psicologia rogeriana no Brasil.

---

[15] Segundo Ferreira Neto (2002), a expressão "psi" visa evidenciar a não caracterização da psicologia como um campo fechado dotado de uma unidade teórico-conceitual.

PARTE 2

OS ANOS 60 E O PROJETO DE PSICOLOGIA HUMANISTA

Os anos 60 são tidos, historicamente, como anos de revoltas políticas, estudantis e de costumes, sobretudo entre a juventude. Esses foram anos de contestação da sociedade e do poder. Desde o início, as contestações não contavam com nenhuma espécie de dirigentes, nem estiveram ligadas a nenhum partido político; os jovens desse período contestavam inclusive os profissionais da contestação. Esses jovens estavam unidos por afinidades, e não por cumplicidade. Tratava-se, naquele momento, de combater uma sociedade que vinha se constituindo como meramente tecnocrática[16], voltada exclusivamente para a busca de um ideal do máximo de modernização, racionalização e planejamento, privilegiando os aspectos técnico-racionais, em detrimento dos sociais e humanos, reforçando uma tendência crescente para a burocratização da vida social. Segundo Pereira (1983, p. 28),

> Tudo isto, por sua vez, apoiado e referendado pelo dogma da ciência, ou melhor, pela crença absoluta na objetividade do conhecimento científico e na palavra do especialista, o intérprete autorizado do discurso da tecnologia, da produtividade e do progresso.

A militância dos jovens da década de 60 era, sobretudo, contra a desumanização do homem, promovida, silenciosamente,

---

[16] A tecnocracia pode ser definida como aquela sociedade na qual os governantes justificam-se invocando especialistas técnicos, que, por sua vez, justificam-se invocando formas científicas de conhecimento. "Na tecnocracia tudo aspira a tornar-se puramente técnico, objeto de atenção profissional. Por conseguinte, a tecnocracia é o regime dos especialistas – ou daqueles que podem empregar os especialistas" (ROSZAK, 1972, p. 20).

pela tecnocracia. Esses jovens não se limitavam à contestação política. Contestavam toda cultura vigente, sobretudo os regimes repressivos e autoritários que as instituições sociais, de um modo geral, haviam estabelecido.

Para os historiadores, nessa década aconteceram coisas demais. Foi nela que praticamente nasceram os movimentos ecológicos e pacifistas, "que se criaram as comunidades rurais, que se 'descobriram' no ocidente as religiões milenares do Oriente, que se deflagrou a revolução sexual, que se mergulhou na experiência alucinógena" (MACIEL, 1987, p. 7).

Outro fator bastante mencionado sobre os anos 60 é a vocação política dos jovens daquele momento. Os jovens queriam mudar o mundo. Perguntavam-se como se poderia tornar o mundo mais humano, melhor de se viver, menos insensato. Era inconcebível para eles que as pessoas, de um modo geral, vivessem alheias aos problemas sociais e políticos. Segundo Maciel, "esta era, para nós, a pior das alienações. Foi assim que, nesses anos, produziu-se uma arte política, uma cultura voltada para a questão social" (MACIEL, 1967, p. 7).

> [...] fico chocado ao perceber que as gerações mais recentes não mostram a mesma disposição para a transformação, em qualquer de seus níveis, preferindo a inércia conformista e deixando que os 60 ganhem, cada vez mais, a aura de ter sido a década da rebeldia *par excellence*. (MACIEL, 1967, p. 8).

Para os jovens dessa década, não era apenas a organização social que estava errada, mas tudo: o jeito como se vivia, a maneira com que as pessoas se vestiam, a música etc. "Rejeição total". Esses jovens contestaram tudo, todas as formas de organização social, fossem elas capitalistas ou socialistas.[17]

---

[17] "Enquanto nos países capitalistas os jovens recusavam o '*american way of life*', ou o "campo de concentração de luxo", nos países socialistas, ao contrário do que divulgava a imprensa ocidental,

Havia uma recusa generalizada do sistema. Segundo Paes,

> Para aqueles setores da juventude que tinham acesso aos benefícios do crescimento econômico e tecnológico das sociedades desenvolvidas, mas que recusavam seus valores e sua forma de organização, não havia nem canais de expressão e participação, nem propostas de transformação social suficientemente atraentes. (PAES, 1997, p. 21).

Aparentemente, a sociedade em que eles viviam nada mais tinha de atraente para lhes oferecer. Era preciso inventar novas propostas de vida. Inventar novos padrões estéticos, novos costumes sexuais, novos tipos de comunidades, novos padrões familiares.

No campo da moda, por exemplo, as inovações foram exemplares. Para uma geração que vinha sendo criada sob rígidas condições de repressão sexual, de repente, inventa-se a minissaia, uma das expressões da liberdade emergente.

Nos Estados Unidos, como em vários outros países do mundo, o LSD era "uma outra onda".[18] Para Maciel, "a repressão policial, na verdade, estimulou o tráfico clandestino e o uso cada vez maior da droga sem assistência médica, transformando o LSD em mais uma bandeira dos jovens rebeldes" (MACIEL, 1967, p. 51). Usavam-se as drogas alucinógenas como um meio de expandir a mente e alargar a consciência. Enquanto isso, em Londres, surgia uma outra sofisticação existencial, um novo estilo de vida, que foi apresentado para o mundo inteiro nas letras e no ritmo do *rock* dos *Beatles* e dos *Rolling Stones*, que transmitiam a mensagem

---

os estudantes não pretendiam a volta ao capitalismo, mas contestavam o autoritarismo stalinista das direções partidárias que impedia a construção do socialismo" (PAES, 1997, p. 28).

[18] LSD é a abreviatura de *Lyserg Saeure Disethylamid* (distalimida de ácido lisérgico). As mudanças de personalidade são frequentes e as condições psíquicas de cada indivíduo, sob a ação dessa droga, podem originar uma série de manifestações imprevisíveis. Segundo Maciel (1967), calcula-se que, na década de 60, de 20 a 30% da juventude universitária norte-americana tomava LSD como quem fuma um cigarro.

libertária para milhões de jovens do mundo. O *rock*, nos anos 60, foi uma das principais fontes inspiradoras das mudanças de comportamento da juventude. Essa transmutação dos valores na década de 60 foi resumida, em seus aspectos gerais, pela célebre tríade: sexo, drogas e *rock'n'roll*.

> [...] o espírito da década. A atividade sexual rompia a barreira do papai-e-mamãe [...]; muitas drogas psicotrópicas, naturais ou químicas, deixaram de ser atribuídas diretamente ao Demônio só porque haviam sido colocadas fora da lei dos homens e passaram a ser usadas para o lazer ou a descoberta espiritual; o rock assaltava os corpos, através dos ouvidos, com sons elétricos que exigiram uma verdadeira mutação no sistema nervoso do público. Tudo era posto em questão. (MACIEL, 1967, p. 43).

Outro fato considerável dessa década é que uma boa parcela da juventude se desenvolveu, intelectualmente, estudando as ideias de Hebert Marcuse, filósofo alemão pertencente à Escola de Frankufurt[19] e um dos mais respeitados analistas da sociedade industrial desenvolvida. Para Marcuse, a revolta dos jovens era na realidade uma revolta contra a sociedade produtivista e os simulacros de valores que ela engendra. Marcuse foi categórico ao escrever que a sociedade ocidental, da forma como estava organizada, era "irracional como um todo". Uma sociedade que se equiparava a um aparato tecnocrático visando "desmontar" a imaginação, reservando a si todo o significado da razão, realidade, progresso e conhecimento, só poderia ser irracional. O que Marcuse criticava, nessa sociedade, era a busca implacável de eficiência, de ordem, de controle racional cada vez mais amplo. O título de uma de suas obras mais discutida é *O homem unidimen-*

---

[19] Usa-se o termo "Escola de Frankfurt" para indicar os intelectuais que se reuniam em Frankfurt, originariamente, nas décadas de 20 e 30. Entre os nomes mais destacados dessa Escola, estão Max Horkheimer, Hebert Marcuse, Theodor Adorno, Walter Benjamim e Jürgen Habermas.

sional[20]. Nela, apresenta a tese de que, na sociedade industrial desenvolvida, os homens pensam em uma única dimensão, e as ideias contrárias ao pensamento estabelecido são repelidas em nome da razão. Contudo, ele mesmo alertou e incitou os jovens, alegando que mesmo nessa sociedade há brechas para imaginar um mundo diferente, há brechas para a libertação. Foi isso que uma parcela considerável dos jovens dos anos 60 fez: passou a procurar as brechas, visando construir *resistências* ou mesmo *linhas de fuga* do modelo sociopolítico-econômico e religioso que os oprimia naquele momento.

Diante de organizações sociais cujos valores morais e os sistemas políticos eram entendidos como altamente repressivos e massificantes, a característica principal das "brechas" procuradas pelos jovens era possibilitar alguma afirmação da individualidade, afastando-os das formas mais tradicionais e disponíveis de luta política.

> Não se tratava da revolta de uma elite que, embora privilegiada, visasse a uma redistribuição da riqueza social e do poder em favor dos mais humildes. Nem de uma 'revolta de despossuídos'. Ao contrário. Era exatamente a juventude das camadas altas e médias dos grandes centros urbanos que, tendo pleno acesso aos privilégios da cultura dominante, por suas grandes possibilidades de entrada no sistema de ensino e no mercado de trabalho, rejeitava esta mesma cultura de dentro. E mais. Rejeitavam-se não apenas os valores estabelecidos, mas, basicamente, a estrutura de pensamento que prevalecia nas sociedades ocidentais. (PEREIRA, 1983, p. 23).

Para os jovens da década de 60, a transformação da sociedade era inevitável caso se quisesse viver mais livremente. O processo envolvia, principalmente, uma mutação psicológica

---

[20] No Brasil, essa obra de Marcuse foi publicada com o título de *A ideologia da sociedade industrial*.

que acabou marcando a década como seu acontecimento central. Contestavam-se todas as formas de autoridade. As relações: Estado e Sociedade; Pais e Filhos; Professores e Alunos; Patrões e Empregados etc., relações de poder, de um modo geral, passaram a ser criticadas como formas intoleráveis de autoritarismo. Para os jovens dessa década, ninguém tinha mais nada a ensinar-lhes. A recusa era tanto em um nível pessoal como político.

A partir de então, um novo mundo, ou um novo modo de "ser-agir-pensar-falar-sentir" e produzir conhecimentos, vai ganhar expressão em diversas formas de criação cultural. Termos e expressões como "Desrepressão, Revolução individual, *You are what you eat*, Aqui e Agora, *Flower Power etc. etc.*" (PEREIRA, 1983, p. 7), palavras de ordem e expressões como essas foram, em um determinado momento, capazes de mobilizar multidões de jovens e intelectuais, nas diferentes partes do mundo.[21] Os jovens rejeitavam a cultura dominante, os modelos tradicionais da família, trabalho, escola, religião etc. Falava-se o tempo todo no surgimento de uma nova consciência, de uma nova era, de um mundo alternativo; enfim, de novos tempos. Procuravam-se novas maneiras de pensar, modos diferentes de encarar e de se relacionar com as pessoas e com o mundo. De acordo com Pereira,

> Começavam a se delinear, assim, os contornos de um movimento social de caráter fortemente libertário, com enorme apelo junto a uma juventude de camadas médias urbanas e com uma prática e um ideário que colocavam em xeque, frontalmente, alguns valores centrais da cultura ocidental, especialmente certos aspectos essenciais

---

[21] As manchetes da imprensa da época demonstram que essas ideias adquiriram dimensões internacionais. Em todo Ocidente (assim como no Japão e em certas partes da América Latina – o Brasil inclusive), são os jovens que se veem na condição de única oposição radical efetiva em seus países. Segundo Roszak, "nem todos os jovens, é claro – talvez apenas uma minoria dos universitários. Entretanto, nenhuma posição analítica, senão a que vê uma minoria militante de jovens dissidentes em choque com a política apática de consenso e coalizão de seus pais burgueses, parece explicar as grandes perturbações políticas da época" (ROSZAK, 1972, p. 16).

da racionalidade veiculada e privilegiada por esta mesma cultura. (PEREIRA, 1983, p. 8)

Segundo Roszak (1972), como não é bom que aos jovens caiba tamanha responsabilidade em criar ou imaginar soluções para toda uma sociedade, essa tarefa é grande demais para que tenham êxito. Nesse sentido foi que eles contaram também com uma saída psicológica. Com isso, em uma organização social com propostas notadamente desumanizadoras serão indicadas terapias humanistas. Os jovens da década de 60

> percebem [...] que a construção da boa sociedade não é uma tarefa primordialmente social, e sim psíquica [...]. São os jovens da classe média que estão dirigindo essa política de consciência, e o estão fazendo de maneira ruidosa, persistente, agressiva [...] (ROSZAK, 1972, p. 63).

Foi como se a consciência de classe, que até aquele momento era muito debatida, fosse cedendo lugar à consciência da consciência. Foi, em um certo sentido, como se naquele momento a sociologia passasse a compartilhar o seu espaço político e cultural com a psicologia.[22]

Os jovens, que nesse momento reivindicavam condições para experimentações de novas formas de vida, que combatiam os autoritarismos, a tecnocracia, os modelos capitalistas de organização social, criaram, a partir desse momento, possibilidades para que se organizassem novas modalidades de encontros que rompessem definitivamente com o isolamento proporcionado pelo estilo de vida moderno e contemporâneo.

É possível mostrar a relação entre esse movimento cultural dos anos 60 e as reflexões realizadas por Foucault sobre o tema do poder-resistência, sobretudo, com as suas análises sobre a

---

[22] Hebert Marcuse foi um dos primeiros pensadores a apontar, naquele momento, a primazia da consciência na mudança social.

sociedade disciplinar[23], ou de "normalização", e a ideia de "resistência" aos tipos de poder e saber produzidos por essa mesma sociedade.

Para Foucault, as sociedades capitalistas constituem-se predominantemente como sociedades disciplinares. As formas de gestão, ordenação e modelagem das forças sociais, nessas sociedades, são viabilizadas por meio da organização do espaço, do controle do tempo, da vigilância e do registro dos atos e das condutas comportamentais, possibilitando, assim, a fabricação do indivíduo. Essa "maquinaria social" acabou proporcionando a produção de uma nova tecnologia política do poder, cujo exercício inseriu-se profundamente em todo o tecido social, cobrindo plenamente a existência dos indivíduos, disciplinando seus corpos, suas energias políticas e produtivas.

É em *Vigiar e Punir*, inclusive, que esse autor oferece várias pistas sobre essa temática.

> Houve, durante a época clássica, uma descoberta do corpo como objeto e alvo do poder. Encontramos facilmente sinais dessa grande atenção dedicada então ao corpo – ao corpo que se manipula, se modela, se treina, que obedece, responde, se torna hábil ou cujas forças se multiplicam. [...] 'O Homem-máquina' de La Mettrie é ao mesmo tempo uma redução materialista da alma e uma teoria geral do adestramento, no centro dos quais reina a noção de 'docilidade' que une ao corpo analisável o corpo manipulável. É dócil um corpo que pode ser submetido, que pode ser utilizado, que pode ser transformado e aperfeiçoado. (FOUCAULT, 1987, p. 125-126).

Nessa obra, Foucault discorre sobre o surgimento e a proliferação desse novo tipo de poder, bastante eficaz e que acabou

---

[23] "'Disciplinar': é assim que Foucault adjetiva o tipo de sociedade que começa a instalar-se a partir dos fins do século XVIII, desenvolve-se no decurso do século XIX e que ainda hoje marca a sociedade que conhecemos" (MUCHAIL, 1983, p. 10).

sendo por ele denominado de "poder disciplinar". Esse poder, segundo ele, possibilita produzir o tipo de homem necessário para o funcionamento e manutenção da sociedade capitalista-industrial-tecnocrática. Segundo esse autor, o indivíduo é um dos mais importantes efeitos do poder disciplinar. Na modelagem e produção efetiva do indivíduo, o que se percebe são forças se debatendo contra forças: ações sobre os corpos, adestramento dos gestos, regulação dos comportamentos, normalização do prazer etc. Tudo isso ocorre não só em instituições, como também em dimensões sociais mais amplas.

Ao analisar o poder disciplinar, em diversas instituições sociais ocidentais, Foucault foi descobrindo como esse poder possibilitou a organização de uma tecnologia específica de controle e de normalização dos indivíduos. Essa forma de entender o poder levou-o a analisar a história, procurando sempre considerar as instituições não mais como entidades administrativas neutras, mas como um sistema social complexo de dominação, que são movidas por sofisticadas práticas que visam disciplinar os corpos e as mentes dos indivíduos, classificá-los e discriminá-los. É o caso, por exemplo, das crianças, dos doentes, dos loucos, dos criminosos etc., em instituições disciplinares, como as escolas, os hospitais, as instituições psiquiátricas, as prisões. O objetivo é a normalização:

> não é mais a exclusão do indivíduo pela sua reclusão, mas, ao contrário, adestrando-o, ensinando-o, corrigindo-o, objetivam sua normalização, isto é, sua 'inclusão' como indivíduo. (FOCAULT, 1996, p. 91-92).

As técnicas de poder disciplinar – que são técnicas de individualização –, aplicadas nas mais diversas instituições, ajudaram a engendrar um tipo específico de saber: as ciências humanas. Ao analisar as instituições, Foucault percebeu vários rituais de poder, que se sustentavam por certos saberes e vice-versa. Entretanto, ele encontrou também expressões que foram por ele entendidas como sendo resistências locais relativas ao avanço dessas relações de forças. Em síntese, o que Foucault fez, principalmente com a sua "genealogia", foi analisar o poder para denunciá-lo mostrando como esse poder produzido pelas sociedades capitalistas age discriminando e objetivando as pessoas.

Penso que esse discurso é um discurso muito próximo do movimento cultural dos anos 60 e, em especial, dos jovens que dele participaram. Esses jovens estavam literalmente contra o poder, contra as disciplinas, da mesma forma que Foucault. Embora não se encontre nos textos desse autor uma referência aos anos 60 propriamente ditos, pode-se fazer uma aproximação entre a ideia de resistência de Foucault e o que os jovens dos anos 60 pretendiam.

Segundo dois pesquisadores norte-americanos, Dreyfus e Rabinow, por exemplo, que se especializaram na obra de Foucault, esse autor – em suas obras dos anos 70 – nos oferece uma compreensão bastante original com relação aos temas relacionados às questões do poder e do saber. Segundo eles, Foucault propõe:

> [...] uma interpretação radicalmente nova de poder e saber: uma interpretação que não considera o poder como uma posse que um grupo tem e outro não; que não considera o saber objetivo ou subjetivo, mas um componente central na transformação histórica de vários regimes de poder e de verdade. (DREYFUS E RABINOW, 1995, p. 131).

Foucault, inclusive, em 1982, apresenta um texto, *O sujeito e o poder*, que está publicado como apêndice no livro de Dreyfus e Rabinow[24], no qual ele discute abertamente sobre as práticas

---

[24] DREYFUS, Hubert L.; RABINOW, Paul. *Michel Foucault:* uma trajetória filosófica (para além do estruturalismo e da hermenêutica). Tradução de Vera Porto Carrero. Rio de Janeiro: Forense Universitária, 1995.

de resistências existentes nas sociedades capitalistas ocidentais. Para ele é possível indicar três tipos de lutas:

> [...] contra as formas de dominação (étnica, social e religiosa); contra as formas de exploração que separam os indivíduos daquilo que eles produzem; ou contra aquilo que liga o indivíduo a si mesmo e o submete, deste modo, aos outros (lutas contra a sujeição, contra as formas de subjetivação e submissão). (FOUCAULT, 1995, p. 227).

Para esse autor, o objetivo principal desses tipos de enfrentamentos é o confronto com as formas de poder que quer impor ao indivíduo leis de verdade. Ele acrescenta, nessa mesma obra, que a verdade não está fora do poder nem sem poder.

> A verdade está neste mundo; nele ela é produzida graças a múltiplas coações [...]. Cada sociedade tem seu regime de verdades, sua 'política geral' da verdade. Há um combate 'pela verdade', ou pelo menos, 'em torno da verdade' [...]. (FOUCAULT, 1995, p. 130).

De acordo com Silva (2001, p. 37), "há lutas contrárias aos privilégios do saber, contra os efeitos dos discursos de competência e da qualificação, que emergem dos regimes de verdade presentes na atualidade".

E assim, de um certo modo, estão "dadas" as condições para o surgimento do projeto de psicologia humanista. No meu entendimento, o clima cultural dos anos 60 foi a principal condição de possibilidade para a constituição dessa proposta de psicologia. Essa psicologia será uma resposta e fará eco ao movimento cultural dos anos 60 nos EUA. Portanto, para discorrer sobre a proposta humanista de psicologia, é necessário "falar" também dos Estados Unidos, da cultura norte-americana, pelo menos no momento em que essa modalidade de psicologia se inicia.

Segundo os historiadores do campo da psicologia, a psicologia humanista aparece, inicialmente, ligada ao chamado Movimento do Potencial Humano. Esse movimento desenvolveu-se nos Estados Unidos, na década de 60, basicamente atrelado às manifestações do Movimento Contracultural.

Entre os jovens norte-americanos, vigorava nesse período a "filosofia" do *drop out* (cair fora), lema do famoso "guru" da contracultura, o professor de psicologia da Universidade de Harvard Timothy Leary (1920-1996), que incitava os jovens com o seu lema: *turn on, turn in, and drop out* (*se ligue, sintonize e caia fora*). Timothy Leary foi expulso da Universidade de Harvard por fazer apologia, entre os estudantes, das "vantagens" do uso das drogas. Esse professor de psicologia visava a explorar ao máximo o potencial criativo da mente experimentando, junto aos seus alunos, drogas como o LSD e a mescalina, cujos efeitos, naquela época, eram ignorados pelos cientistas e cidadãos comuns.[25]

A palavra de ordem era que os jovens caíssem fora, o quanto antes, daquele sistema político e social altamente repressor e excessivamente voltado para o consumo de bens e de serviços e das tradicionais organizações familiares e sexuais. A sugestão era que se recusasse a cultura dominante e se fizesse uma rigorosa crítica ao *establishment* ou "sistema" (como então se dizia). Criticava-se também o predomínio da racionalidade científica, que havia, entre outras coisas, servido para criar a bomba atômica e a máquina de guerra. Precisava-se construir, urgentemente: novos significados para a existência; novas formas de se viver; novos mundos; e modos de se relacionar consigo mesmo e com as outras pessoas. Esses novos modos de vida significavam literalmente recusar a racionalidade científica, o modelo industrial de sociedade que essa racionalidade ajudou a produzir e os valores,

---

[25] Atualmente, tem-se a informação científica de que uma dose de apenas 20 microgramas de LSD é suficiente para produzir um efeito alucinógeno capaz de durar até 10 horas.

que tanto essa racionalidade quanto sociedade ajudaram a engendrar. Diante dessas insatisfações, começaram as buscas de outros referenciais para "reorganizar" tanto a vida pública quanto a privada. Uma das ideias foi a de tentar construir um novo modelo de vida baseado especialmente na natureza.

Outro fato considerável é o que se refere à vinculação do Movimento do Potencial Humano com a produção e promoção do hoje tão difundido misticismo no ocidente.

> Já no nascedouro do Movimento do Potencial Humano, nos Estados Unidos e na contracultura estavam presentes os chamados enfoques e técnicas orientais que influenciaram não somente muitas dessas práticas 'alternativas', mas que penetraram profundamente nas camadas mais jovens da sociedade. Fortaleceram-se tendências religiosas, místicas, que prometiam um sonho de paz, de equilíbrio, de sabedoria e refúgio. (COIMBRA, 1995b, p. 59).[26]

Sabe-se que o principal foco de propagação do Movimento do Potencial Humano foi a Califórnia, onde, na década de 60, foram fortes os grupos *hippies* e a contracultura. Sua origem remonta a 1962. O ponto de referência é o Instituto de Esalen, cuja finalidade consistia em descobrir os meios de melhorar o potencial humano (COIMBRA, 1995a, p. 249).

Esse movimento valeu-se das mais diversificadas técnicas grupais, corporais, psicodramáticas, bioenergéticas, de massagens, da filosofia oriental etc. Foi recorrendo a essas "tecnologias", inclusive, que, no campo psicoterapêutico, desenvolveram-se os princípios do chamado "potencial humano".

---

[26] Ressalta-se, segundo essa mesma autora, que nas últimas três décadas, por exemplo, vêm sendo bastante reforçados os processos de subjetivação vinculados "ao ensina-me a viver", ao "como fazer amigos e influenciar pessoas", ao "*self-helping*", dentro da promessa de felicidade aos moldes do "*American way of life*". Todas essas influências místico-religiosas, em sua maioria, advindas do oriente, ao prometerem a "felicidade" e um "mundo de paz interior", fortaleceram unilateralmente as subjetividades da "autenticidade", da "liberdade interior", do privado em detrimento do público (COIMBRA, 1995b, p. 59).

> [...] O Movimento do Potencial Humano busca uma 'melhoria' das condições psicológicas do sujeito [...]. Desse modo, o investimento no "potencial humano" de cada um passa a ser a palavra de ordem no campo terapêutico, o que, nos anos 60, nos Estados Unidos, será caracterizado por um forte movimento grupalista, com maratonas, *workshops*, laboratórios de sensibilidade, grupos de famílias, de jovens, de conselheiros conjugais tendo como pano de fundo o movimento contracultural [...]. (COIMBRA, 1995a, p. 249-250).

Para essa autora, essa "febre grupal" não foi criada por acaso. Ela foi produzida pelo momento histórico norte-americano, que, por meio dos grupos, tentou resolver, ou pelo menos enfraquecer, as frequentes reivindicações políticas presentes naquele período. Para ela, houve a partir daí um esvaziamento das questões públicas, coletivas e uma aglutinação de forças nos campos psicológico, privado e familiar.

Segundo essa interpretação, o Movimento do Potencial Humano, que se propôs a questionar e enfrentar o poder vigente, naquele momento, acabou sendo rapidamente assimilado pelo sistema, passando também a participar e contribuir para deixar em segundo plano as demandas políticas e sociais surgidas naqueles anos.

Em síntese, esse movimento propunha uma revolução a partir das práticas existenciais imediatas, livres das repressões sociais impostas pelo capitalismo. O foco de difusão dessas ideias está na Califórnia, onde são fortes, naquele momento, os grupos *hippies* e o movimento cultural dos anos 60, já descrito.

O projeto de psicologia humanista, de um modo geral, pode ser interpretado também como mais uma resposta, um eco às insatisfações manifestadas pelos jovens desse período contra os aspectos mecanicistas, materialistas e autoritários da cultura ocidental contemporânea. Esse projeto de psicologia nasce pretendendo, com suas propostas, contribuir para a constituição de um novo homem que possibilitasse um outro modelo social, menos controlador, mais atento às necessidades tidas como intrínsecas aos seres humanos; defendia os ideais de autorrealização e criatividade, com relações pessoais mais abertas, autênticas, autoexpressivas e prazerosas.

Os psicólogos adeptos desse projeto, sintonizados com as questões do momento e o clima cultural da época, procuraram organizar e promover métodos terapêuticos que acentuavam a liberdade de escolha, a responsabilidade pessoal e a tendência à autorrealização, bem como a consideração do indivíduo no contexto da família, da escola, do trabalho, da religião e de outros ambientes sociais. O homem, para esses psicólogos, devia ser visto como um ser essencialmente livre e intencional, devendo ser entendido primordialmente pela sua dimensão consciente e, sobretudo, pela vivência de suas experiências presentes.

A proposta teórica da psicologia humanista, de um modo geral, tem, como pano de fundo, uma visão de homem como um ser em busca constante de si mesmo, que vive um contínuo processo de vir a ser e que apresenta uma tendência "natural" para se desenvolver. Segundo os psicólogos que participaram da realização desse projeto, é a dimensão subjetiva dos sentimentos, das emoções, dos valores, das inter-relações etc. que deve ser o tema central de estudos da psicologia. A meta principal desses psicólogos se volta para a transformação da ciência[27], da consciência, dos valores e das atitudes, tendo como finalidade básica a busca de novos espaços e novos canais de expressão para o indivíduo.

---

[27] Até bem próximo dos anos 60, os psicólogos que se diziam comprometidos com a ciência preocupavam-se, exclusivamente, em atender aos padrões mínimos de ciência, entendida na época como ciência natural. Os psicólogos humanistas desejaram uma concepção diferente de ciência – seja um novo tipo de ciência, seja uma significação mais ampla de ciência, que se mostrasse mais atenta aos problemas fundamentais apresentados pelos indivíduos naquele momento.

Com isso, uma visão positiva do homem e das suas potencialidades tornou-se o ponto comum e de partida dos participantes desse grupo. Os psicólogos que começaram essa nova proposta[28] não pretendiam fazer nenhuma revisão, tampouco visavam a readaptações de alguma escola de psicologia já existente. Propunham, tendo em vista o contexto sociocultural daquele momento, a adoção de uma nova visão de homem, uma outra concepção filosófica como ponto de partida e princípio norteador para a construção de um novo projeto básico de psicologia. A organização desse novo projeto passou a ter a repercussão de mais um movimento no campo da psicologia. Esse movimento, além de apresentar uma nova proposta para o estudo da psicologia, queria, sobretudo, assumir o compromisso de ajudar o homem a se modificar, a ser mais humano, a tornar-se plenamente humano. Segundo Matson (1974), os organizadores desse projeto de psicologia foram enfáticos ao dizer que grande parte do que ocorria já há algum tempo no campo da psicologia nada tinha de "psicológico", e era isso que os levava a apresentar uma nova proposta.

A proposta teórica desses psicólogos iniciou-se praticamente com a proposição de que a psicologia precisava se tornar mais humana, mais interessada nos problemas do homem. A ideia surgiu, inicialmente, entre alguns psicólogos americanos que consideravam muito limitados os modelos de psicologia que até então vigoravam. Segundo Holanda:

> a psicologia havia adotado, em determinado momento histórico, o modelo específico das ciências exatas, caracterizadas principalmente pelo posicionamento do observador face ao objeto; colocando-se, portanto, numa atitude empirista cujo objetivo era o estabelecimento das leis gerais do psiquismo. (HOLANDA, 1998, p. 38).

---

[28] Na lista dos fundadores, aparecem os nomes de Abraham Maslow, Anthony Sutich, Gordon W. Allport, Kurt Goldstein, Hadley Cantril, Rollo May, Henry A. Murray e Carl Rogers.

Esse modelo, porém, segundo os psicólogos humanistas, não suprira as necessidades integrais de compreensão que o ser humano tinha.[29] Desse modo, esses mesmos psicólogos passaram a preconizar o renascimento do humanismo em psicologia, isto é, a volta ao humano como tema principal de estudo da psicologia. Essa foi, sem dúvida nenhuma, a bandeira mais importante desse novo projeto em psicologia.

Em reação a dois outros projetos já estabelecidos no campo psi – behaviorismo e psicanálise – foi apresentado esse novo projeto como uma terceira alternativa para o estudo e a prática em psicologia. É muito comum, no campo das ideias, que toda nova proposta que se apresente use as anteriores como base, a partir das quais impele a si mesma para ganhar projeção. Em termos práticos, a nova proposta precisava afirmar, articuladamente, aquilo que eles consideravam as fraquezas da visão dominante vigente. Devido a isso, em seu início, a psicologia humanista teve como principais alvos as duas propostas anteriormente mencionadas.

Segundo os responsáveis pela nova proposta, o behaviorismo nessa época – anos 1950/1960 – era uma modalidade de psicologia fundamentada exclusivamente em respostas condicionadas, que faziam do ser humano uma espécie de organismo mecanizado, respondendo aos estímulos apresentados.[30] Para os behavioristas, o comportamento humano devia ser estudado

---

[29] Na época, alguns psicólogos argumentavam que a psicologia só poderia tornar-se verdadeiramente uma ciência se mudasse seu foco de experiência consciente para o estudo do comportamento. Os *behavioristas*, por exemplo, acreditavam que a experiência psicológica é conhecimento privado que não podia ser observado e verificado por outros e, consequentemente, se permanecesse assim, ficaria fora do reino da ciência.

[30] Segundo Milhollan (1978), o *behaviorismo* como projeto de psicologia foi pela primeira vez anunciado por Watson, em um artigo intitulado *A Psicologia como o behaviorista a vê*, publicado em 1913. Seu campo de pesquisa principal era a psicologia animal. Contudo, ele acreditava que a mesma abordagem podia ser usada com seres humanos.

objetivamente.[31] Segundo eles, como a consciência não era objetiva, não era cientificamente válida, e consequentemente não podia ser estudada. Na concepção dos psicólogos humanistas, os humanos não podiam ser simplesmente objetivados, quantificados e reduzidos a unidades de estímulo-resposta, como queriam, de um modo geral, os psicólogos comportamentais.

Já com relação à psicanálise, esses mesmos psicólogos também se opunham ao que eles consideravam como as tendências deterministas encontradas na abordagem freudiana da psicologia, bem como sua minimização do papel da consciência. Criticavam os psicanalistas freudianos daquele momento por só estudarem pessoas perturbadas mentalmente – neuróticos e psicóticos. Suas críticas centravam-se, sobretudo, naquilo que eles consideravam como sendo: "uma visão pessimista, determinista e psicopatologizante atribuída à teoria de Freud" (BOANAIM JR., 1998, p. 25).

O projeto da psicologia humanista veio a destacar-se, principalmente, por ser uma proposta que, afastando-se do tradicional enfoque clínico de privilegiar o estudo das psicopatologias, passou a enfatizar também a saúde, o bem-estar e o potencial humano de crescimento e de autorrealização.

Os psicólogos que participavam desse novo movimento estavam, como já indicado anteriormente, atentos às manifestações culturais dos jovens dos anos 60 e trabalharam praticamente em favor das solicitações de mudanças que naquele momento eram exigidas. As propostas psicoterápicas por eles apresentadas foram usadas, principalmente, em pessoas de saúde mental considerada normal (ou pouco debilitada), a fim de

---

[31] Por comportamento (*behavior*), Watson, por exemplo, entendia os movimentos de músculos e atividades de glândulas. Para ele, o pensamento só podia ser estudado como movimento da garganta, pois pensamento, como ele entendia, era simplesmente fala subvocal. Sentimentos e emoções igualmente eram movimentos das vísceras. Assim, esse autor punha de lado todos os aspectos da consciência em favor de uma ciência de comportamento puramente objetiva.

elevar seus níveis de autoconhecimento, ajudá-las a se relacionarem melhor consigo mesmas e com os outros e promover seus potenciais latentes de criatividade e autodesenvolvimento.[32]

Por ter se concentrado mais em pessoas psicologicamente saudáveis do que em pessoas emocionalmente perturbadas, essa nova modalidade de psicologia, assim como sua abordagem clínica, especificamente nesse período, tornou-se bastante diferente das propostas anteriores. Denominadas terapias do crescimento, as terapias humanistas proliferaram nos anos 1960 e 1970, quando milhões de pessoas passaram a frequentar grupos de encontros e programas de treinamento da sensibilidade em escolas, empresas, igrejas, presídios e clínicas privadas.

Ao contrário do behaviorismo e da psicanálise, a psicologia humanista não se identificou ou se iniciou com o pensamento de determinado autor ou escola. Tratando-se primariamente de um discurso congregado de diversas tendências, unidas especialmente pela oposição às abordagens citadas, assim como pela convergência em torno de algumas propostas comuns, o projeto humanista de construção da psicologia, segundo os seus adeptos, tem compromisso com uma visão de homem que orienta a criação e o desenvolvimento de novas formas de estabelecer a saúde psíquica e promover o desenvolvimento dos melhores potenciais humanos.

Esse discurso teórico foi caracterizado pela congregação de estudiosos em torno de alguns tópicos e interesses que posteriormente vieram a ser apontados como temas típicos e preferenciais da psicologia humanista, as qualidades e capacidades humanas por excelência, tais como valores, criatividade, sentimento, identidade, vontade, coragem, liberdade, responsabilidade, autorrealização etc.

---

[32] Para Castel (1987), a proposta de uma "terapia para os normais" não deixa de expressar uma curiosa ambiguidade. Segundo ele, se tomarmos ao pé da letra essa metáfora, pode ser que ela signifique que é a normalidade que deve funcionar a partir de então como sintoma.

Essa interpretação é proposta por Holanda. Segundo esse autor, a psicologia humanista surgiu da tentativa de construir uma visão mais ampla do ser humano:

> [...] surgiu da necessidade de ampliar, naquele momento, a visão de homem que, segundo os psicólogos humanistas, se achava limitada e restrita a apenas alguns aspectos, a alguns elementos apresentados pelas perspectivas teóricas dos behavioristas e dos psicanalistas. Para eles, tanto a psicanálise quanto o behaviorismo apontavam para partes de um todo maior e mais complexo que é o ser humano, estando a visão total do ser humano prejudicada por esta ênfase nas partes. (HOLANDA, 1998, p. 38).

A rigor, o projeto teórico desses psicólogos se fundamentou em uma preocupação exclusiva com o homem, "no sentido de valorizar sua existência e buscar a sua essência naquilo que ele possui de mais íntimo e particular: sua experiência, sua vivência" (HOLANDA, 1998, p. 41).

James Bugental (1967), influente adepto dessa proposta de psicologia, via como finalidade de construção desse novo projeto a descrição completa do que poderia significar existir como homem. Segundo ele, essa descrição, que nunca poderia ser alcançada plenamente, inclui a valorização das potencialidades inatas do homem, seu crescimento, maturidade e declínio, sua interação com o ambiente físico e social, o tipo e extensão de suas experiências e seu lugar no universo. Segundo esse autor, deve-se considerar central nessa proposta o ponto de vista do indivíduo tal como ele descobre o seu próprio ser e se relaciona com outros indivíduos e grupos sociais.

Esse discurso passou logo em seguida a ser conhecido mundialmente como psicologia humanista, ou terceira força em psicologia. A proposta desse projeto era tentar definir a psicologia como o estudo do homem – apresentando, assim, o ponto de vista de que a psicologia faz parte das ciências humanas, e não das ciências naturais[33]. Vale esclarecer também que o projeto de psicologia humanista nunca "se constituiu como um corpo único de teoria, mas uma convergência de várias diretrizes e escolas de pensamento" (MATSON, 1974, p. 75). Ainda segundo Matson,

> o denominador comum do que veio a ser chamado de psicologia humanista foi o respeito incondicional ao indivíduo, o reconhecimento do outro não como um caso, ou um objeto, ou um feixe de instintos, mas como ele mesmo (MATSON, 1974, p. 77).

Assim, segundo os psicólogos humanistas, o reconhecimento do *homem individual*, em sua totalidade, em contraste com o *homem universal*, é a marca registrada dessa modalidade de psicologia.

De acordo com Boanaim Jr. (1998), as articulações para o lançamento do novo projeto de psicologia coincidiram também com a maior difusão nos Estados Unidos do trabalho que já há algum tempo vinha sendo realizado na Europa por diferentes escolas de psicologia e psicoterapia, inspiradas em filósofos existencialistas e fenomenólogos. Sabe-se que a psicologia humanista, logo no seu surgimento, foi amplamente acrescida dessas duas outras perspectivas teóricas, a ponto de, posteriormente, ser denominada também de abordagem *humanista-existencial--fenomenológica* em psicologia.

O projeto humanista em psicologia foi oficialmente iniciado em 1961, com o lançamento e publicação do primeiro número de uma revista que, depois de vários encontros, discussões e sugestões, recebera o título de *Revista de Psicologia Humanista*,

---

[33] Sabe-se que a psicologia concebida como ciência natural, até os anos 60, quase sempre ocupou posição dominante entre os psicólogos, e aqueles que não concordavam com essa denominação eram tidos como contestadores. Foi nesse sentido, principalmente, que Abraham Maslow procurou desenvolver a noção de terceira força em psicologia, tendo como intenção primordial proporcionar uma identidade comum aos contestadores.

título esse que definiu o nome da nova proposta em psicologia. O sucesso da revista foi tão grande que levou, em 1963, à criação da Associação Americana de Psicologia Humanista. Segundo o *Journal of humanistic psychology* (1961), a consolidação do movimento se deu definitivamente, em 1964, quando, em um encontro realizado na cidade de Old Saybrook, grandes nomes da psicologia daquele momento compareceram em aberta adesão. Estiveram presentes, além dos fundadores – Abraham Maslow e Anthony Sutich – incentivadores como Gordon W. Allport, Kurt Goldstein, Hadley Cantril, Rollo May, Henry A. Murray e Carl Rogers.

As teorias humanistas, articuladas por esses psicólogos, advertiam que o comportamento do ser humano não poderia ser compreendido apenas por fatores externos a sua consciência:

> [...] não poderia ser adequadamente entendido a partir de referências exclusivas a influências determinantes, externas à sua consciência e aos significados atuais que imprime ao mundo, sejam essas influências provenientes do ambiente, do passado ou do inconsciente. (BOANAIM JR., 1998, p. 33).

Essas teorias e esses autores, tendo em vista, principalmente, o que ocorria naquele momento, passaram a privilegiar mais a dimensão consciente e o vivenciar da experiência presente. Embora, atualmente, tenha-se o conhecimento da diversidade das teorias em psicologia que abrangem as ideias humanistas, o reconhecimento do que eles consideram como potencial criativo saudável do ser humano sempre tendeu a congregá-las em um objetivo comum. Para esses psicólogos, o objetivo de qualquer tratamento em psicologia pode ser formulado em uma única frase: levar o indivíduo a ser ele mesmo. Propiciar aos indivíduos a conquista de uma existência autêntica, autoconsciente, transparente, espontânea, verdadeira, congruente (BOANAIM JR., 1998); eis o que pretendem esses psicólogos.

Acrescente-se que o amplo desenvolvimento de terapias e métodos de trabalho com grupos, especialmente na forma de vivência intensiva, foi uma das tendências que mais marcaram esse projeto, e sua proposta teórica configurou-se como um estudo dos seres humanos e de sua conduta, sendo, tanto do ponto de vista teórico quanto histórico, muito bem representada pelas obras de Maslow e Rogers.

Abraham Maslow (1908-1970) foi um dos mais conhecidos psicólogos dos Estados Unidos, nos anos 60. É considerado o "pai" do movimento humanista em psicologia. É provável que ele, mais do que qualquer outro representante, seja um dos principais responsáveis pela divulgação e pelo prestígio adquirido por essa proposta de psicologia, conferindo-lhe, já naquela época, bastante respeitabilidade acadêmica e social. Apesar da importância desse autor, o interesse teórico do trabalho que ora apresento recai principalmente sobre a proposta de Rogers, que será apresentada na quarta parte deste trabalho. No curso de uma carreira ativa, ele desenvolveu sua teoria e sua abordagem, tanto psicoterapêutica como educacional, exprimindo suas ideias em inúmeros artigos e livros. Sua obra é vista como uma das mais importantes contribuições para a proposta de humanização da psicologia.

Carl Ramson Rogers (1902-1987) é internacionalmente conhecido por uma abordagem bastante difundida em psicoterapia, denominada *terapia centrada na pessoa* ou *centrada no cliente*. A denominação *Abordagem Centrada na Pessoa* foi dada por Rogers, em seus últimos escritos, em substituição a outras denominações anteriores tais como: *terapia não diretiva* e *terapia centrada no cliente*. No livro *Um jeito de ser*, publicado em 1980, define essa terapia como uma atitude, um modo de agir, uma "postura básica" que desemboca em um *ethos* de vida. A psicoterapia e também o processo educacional, dentro dessa abordagem, são entendidos como um encontro interpessoal, em que a qualidade desse encontro é que determinará a eficácia da relação (HOLANDA, 1998).

Rogers desenvolveu uma teoria da personalidade que se fundamenta em uma tese central: a de que cada pessoa possui uma tendência inata para atualizar as capacidades e potencialidades do eu. Segundo ele, embora esse impulso para a autoatualização seja inato, ele pode ser ajudado ou prejudicado por experiências infantis e pela aprendizagem.

O nome da sua proposta, tanto psicoterápica como educacional, sugere algo da sua concepção da personalidade humana. Atribuindo a responsabilidade da mudança à pessoa (cliente ou aluno), e não ao terapeuta (ou educador), Rogers supôs que as pessoas poderiam alterar consciente e racionalmente seus pensamentos e comportamentos indesejáveis, tornando-os desejáveis. Não acreditava que elas fossem totalmente controladas por forças inconscientes ou por experiências da infância. Para Rogers, a personalidade é constituída principalmente pelo presente e pela maneira como o percebemos conscientemente.

Cabe aqui, rapidamente, uma breve reflexão sobre a psicologia humanista a partir das análises arqueológicas desenvolvidas por Michel Foucault. Nessas análises, Foucault mostra-se crítico quanto à ideia de homem como categoria central das ciências.

Segundo Foucault, com relação às propostas humanistas de um modo geral, é preciso, antes de levar adiante qualquer análise sobre essas ideias, não deixar de considerar como está "organizado" o solo epistemológico da modernidade. Para ele, esse "solo" apresenta-se dividido em duas perspectivas opostas: de um lado, busca fundamentar-se em análises estruturais, visando ao invariante estrutural (o sistema de análise proposto nessa perspectiva desconsidera a questão do sujeito e do sentido); de outro, ao contrário, busca justamente fundamentar-se na ideia de homem, de interpretação, de sujeito, de sentido.

As ciências humanas apareceram desde o final do século XIX como se estivessem presas a uma dupla obrigação, uma dupla postulação, simultânea, a da Hermenêutica, ou a interpretação ou a exegese: é preciso compreender o sentido que se oculta; e a outra: é preciso formalizar, encontrar o sistema, o invariante estrutural, a rede das simultaneidades. Ora, estas duas questões pareciam afrontar-se de maneira privilegiada nas ciências humanas, a tal ponto que se tem a impressão que é necessário que elas sejam isto ou aquilo, interpretação ou formalização. O que eu iniciei é precisamente a pesquisa arqueológica do que tornara esta ambigüidade possível, eu quis achar o galho que carregava a forquilha. (Traduzido de FOUCAULT, 1966, p. 3-4, In: FOUCAULT, Tomo I, p. 498-504, 1994).

A proposta de Foucault, nas análises arqueológicas, é voltar-se exclusivamente para a análise estrutural e desconsiderar a perspectiva oposta. Ele estava convencido de que o humanismo, a perspectiva do sujeito, do sentido e da interpretação constituíam propostas teóricas que deveriam ser questionadas.

– Sim, foi ele [Nietzsche] que, através da cultura alemã, compreendeu que a redescoberta da dimensão própria da linguagem é incompatível com o homem. Foi por isto que Nietzsche passou a ter um valor profético. E que, ao contrário, deve-se condenar com a mais total severidade todas as tentativas de escamotear o problema. Por exemplo, a utilização das noções as mais familiares do século XVIII, os esquemas de semelhança e de contiguidade, tudo isto para construir ciências humanas e as fundamentar; tudo isto me parece ser uma fraqueza intelectual que serve para confirmar o fato que Nietzsche representou para nós, desde um século atrás, lá onde há signo não pode haver homem e lá onde se faz falar os signos é preciso que o homem se cale" (Traduzido de FOUCAULT, 1966, p. 3-4 In: FOUCAULT, Tomo I, p. 498-504, 1994).

Quanto às ciências humanas, entre elas, especificamente, a psicologia, a postura de Foucault é extremamente crítica em *As Palavras e as Coisas*. Foucault contesta o estatuto da psicologia como ciência, uma vez que, a seu ver, não possui um objeto específico, situando-se entre três dimensões, três domínios epistemológicos da modernidade: dois das Ciências e o terceiro da Filosofia. Os dois domínios científicos seriam o domínio das ciências empíricas e o da formalização matemática.

> Antes, deve-se representar o domínio da *epistemê* moderna com um espaço volumoso e aberto segundo três dimensões. Numa delas, situar-se-iam as ciências matemáticas e físicas, para as quais a ordem é sempre um encadeamento dedutivo e linear de proposições evidentes ou verificadas; haveria, em outra dimensão, ciências (como as da linguagem, da vida, da produção e da distribuição das riquezas) que procedem ao estabelecimento de relações entre elementos descontínuos mas análogos, de sorte que elas pudessem estabelecer entre eles relações causais e constantes de estrutura. [...]. Quanto à terceira dimensão, seria a da reflexão filosófica, que se desenvolve como pensamento do Mesmo; [...]. Desse triedro epistemológico, as ciências humanas são excluídas, no sentido ao menos de que não podem ser encontradas em nenhuma das dimensões, nem à superfície de nenhum dos planos assim delineados. Mas pode-se dizer também que elas são incluídas por ele, pois é no interstício desses saberes, mais exatamente no volume definido por suas três dimensões, que elas encontram seu lugar. Esta situação (menor num sentido, privilegiada noutro) coloca-as em relação com todas as outras formas de saber [...]. (FOUCAULT, 1985, p. 365).

Foucault reconhece uma positividade nas ciências humanas, mas não o seu caráter científico, uma vez que buscam estudar um objeto ambíguo do ponto de vista epistemológico, porque ora se aproximam da formalização matemática, ora das ciências empíricas, no caso da psicologia. Mais especificamente, ora se aproxima da Biologia, ora se aproxima da Filosofia, colocando questões específicas desse domínio do saber, perdendo, portanto, sua especificidade.

Na perspectiva das análises arqueológicas, o discurso da psicologia humanista deveria ser questionado e sua proposta criticada por sua inconsistência e por sua ambiguidade, como forma de saber que se pretende científica.

A psicologia humanista poderia ser interpretada como crítica aos determinismos e à tentativa de aproximar a psicologia das ciências naturais, e, em especial, da biologia (behaviorismo), assim como crítica a uma interpretação determinista da psicanálise, em voga nos anos 60. Ela deslocaria a psicologia dessa proximidade com as ciências naturais para aproximá-la da filosofia, de uma visão filosófica do ser humano, enfatizando as categorias de liberdade, projeto, autonomia do indivíduo, criatividade etc. Não seria somente pela vertente existencialista ou fenomenológica que a filosofia estaria presente na psicologia humanista, e sim, mais fundamentalmente, pela postura adotada e pela escolha de suas categorias centrais.

Sem negar a possibilidade de se fazer esse tipo de análise da psicologia humanista a partir do pensamento de Foucault, é possível perceber uma outra dimensão, se a interpretarmos a partir da problemática do saber/poder, presente nas análises genealógicas. O discurso da psicologia humanista, do ponto de vista da crítica genealógica, pode ganhar uma nova interpretação, como tentativa de crítica ao saber/poder, e é esse o enfoque central deste livro.

Pretendo apresentar como núcleo central deste trabalho a questão de compreender se a psicologia humanista que se coloca, inicialmente, como crítica aos saberes/poderes no campo da psicologia, fazendo eco a um movimento cultural de resistência à sociedade disciplinar, de fato consegue realizar seu projeto ou não. Minha hipótese é que a inspiração da psicologia humanista é de construir uma proposta que não caia nas armadilhas de saber/poder presentes nas duas psicologias da época: a comportamentalista e a psicanalítica.

Portanto, proponho considerar que se a psicologia humanista não resiste à crítica arqueológica de Foucault, o mesmo não pode ser afirmado, *a priori*, quanto à crítica genealógica, apesar da ambiguidade da categoria de homem e de seu caráter "humanista".

Minha intenção é que essa discussão seja mais bem avaliada na parte IV, no momento em que analiso mais detidamente uma das propostas teórica desse movimento: a psicologia rogeriana.

PARTE 3

O CONTEXTO POLÍTICO-CULTURAL DOS ANOS 60 NO BRASIL

No Brasil, começávamos a década de 60 com um grande projeto coletivo que visava à emancipação nacional, pelo menos no plano do espírito e, se ainda fosse possível, em planos mais concretos, como o político e o social.

> Estávamos em plena modernização do Brasil. Juscelino Kubitschek construíra Brasília, líamos os teóricos do Instituto Superior de Estudos Brasileiros, ouvíamos os discos de João Gilberto, a classe média instruída lançava-se às artes populares. Nossos ídolos eram Heitor Villa-Lobos, Cândido Portinari e Oscar Niemeyer. A hipótese de que, ao invés disso, o futuro traria uma ditadura militar de vinte anos era impensável, mesmo pelo mais louco dos reacionários, em seus sonhos mais desvairados. (MACIEL, 1987, p. 11-12).

No plano político, a década começou com Jânio Quadros na Presidência da República sucedendo Juscelino Kubitschek de Oliveira e prometendo varrer toda a "bandalheira" do País. Jânio foi prefeito da cidade de São Paulo e depois governador do estado. Ele conseguiu subir na vida pública de maneira bastante independente, sem muitos compromissos com movimentos ou partidos políticos. Dotado de um grande carisma, sua principal força consistia no fabuloso apoio que lhe davam as massas. Esse "paulista de Mato Grosso" acabou sendo o primeiro presidente a tomar posse em Brasília, no dia 31 de janeiro de 1961. Renunciou sete meses depois, dando lugar a João Goulart[34], que assumiu o

---

[34] Jânio Quadros venceu a eleição presidencial de 1960. Para Skidmore (1998), a vitória de Jânio foi altamente pessoal, confirmada pelo fato de que seu companheiro de chapa, Milton Campos,

governo com seus poderes bastante reduzidos, depois de uma desagradável luta política, tendo como principais adversários a turma da UDN e o pessoal da caserna.

João Goulart, político de esquerda, que já havia sido Ministro do Trabalho do governo Vargas e vice-presidente da República, no governo de Juscelino Kubitschek, por pouco não assume a presidência devido a um arbitrário veto militar[35], plenamente respaldado pela UDN e demais setores conservadores da sociedade. Recorda-se que, não fossem as mais variadas manifestações populares, associadas a algumas manifestações de políticos democráticos e de militares nacionalistas, muito provavelmente o golpe militar já teria ocorrido antes mesmo da posse de Goulart. Contudo, no dia 7 de setembro de 1961, João Belchior Marques Goulart recebia do Congresso Nacional a faixa presidencial, sob o manto do regime parlamentarista.

No governo de Goulart, um dos aspectos que mais se ressaltam foi o grande avanço dos movimentos sociais, revelando novos atores no cenário político-social, bem como das posições nacionalistas e de esquerda. Foi nesse período que os trabalhadores do campo começaram a se mobilizar.[36] Segundo Fausto (1999), o movimento rural mais importante na época foi o das Ligas Camponesas: os camponeses eram as pessoas da população rural proprietárias de um pedaço de terra ou com algum controle sobre ela como arrendatário, meeiro etc.

---

perdeu para João Goulart, candidato da oposição à vice-presidência (a lei eleitoral permitia o voto em candidatos a vice de partidos diferentes).

[35] No momento da renúncia de Jânio, João Goulart estava realizando uma visita à China comunista. Esse fato levou Ranieri Mazzilli, presidente da Câmara dos Deputados, a assumir provisoriamente a presidência da República. Enquanto isso, os ministros militares de Jânio vetaram a volta de Jango ao Brasil, por razões de segurança nacional.

[36] Com relação a essa questão, "um avanço importante na esfera do legislativo se deu em março de 1963, quando Jango sancionou uma lei que dispunha sobre o Estatuto do Trabalhador. A lei instituiu a carteira profissional para o trabalhador do campo, regulou a duração do trabalho e a observância do salário mínimo e previu direitos como o repouso semanal e as férias remuneradas" (FAUSTO, 1999, p. 445).

> As ligas começaram a surgir em fins de 1955, propondo-se, entre outros pontos, a defender os camponeses contra a expulsão da terra, a elevação do preço dos arrendamentos, a prática do "cambão", pela qual o colono – chamado no Nordeste de morador – deveria trabalhar um dia por semana de graça para o dono da terra. (FAUSTO, 1999, p. 444).

As Ligas, de um modo geral, surgiram em vários pontos do País, sobretudo no Nordeste. Outro setor que passou a se notabilizar durante o governo Jango foi o dos estudantes: "os estudantes, através da UNE, radicalizaram suas propostas de transformação social e passaram a intervir diretamente no jogo político" (FAUSTO, 1999, p. 445). Também o movimento operário merece uma menção especial, pois o governo federal se abriu aos dirigentes sindicais, e o crescimento das greves no período indica nitidamente o avanço da mobilização social. Com respaldo das lideranças sindicais, as pressões do movimento operário aumentaram bastante, tendo como estratégia principal os movimentos de greve que muitas vezes eram incentivadas pelo próprio governo, visando forçar a aceitação de medidas de seu interesse.[37] Por último, porém não menos importante, houve significativas mudanças que ocorreram no interior da Igreja Católica.

> A partir da década de 1950, muitos de seus integrantes começaram a se preocupar, antes de tudo, com as camadas populares que constituíam sua base social. O próprio anticomunismo cerrado foi dando lugar a uma atitude mais equilibrada: combatia-se o comunismo mas reconhecia-se que os males do capitalismo tinham provocado a revolta e daí a expansão comunista. A igreja se dividiu, entre diversas posições, indo do ultraconservadorismo [...] às aberturas à esquerda típicas da Juventude Univer-

---

[37] Segundo Skidmore (1982), os militares temiam constantemente que o movimento operário "sindicalista" roubasse a cena política, destituindo as forças armadas da sua posição de destaque como o grupo mais poderoso no cenário político brasileiro.

sitária Católica (JUC). [...] a publicação, em maio de 1961, da encíclica *Mater et Magistra* do Papa João XXIII – a primeira a tratar explicitamente do mundo subdesenvolvido – foi um importante incentivo para o catolicismo reformista mais radical. (FAUSTO, 1999, p. 445-446).

Já sob a ótica da economia, os primeiros anos da década de 60 foram tomados por uma imensa crise econômica. Os problemas de balanço de pagamentos e da inflação se tornaram praticamente intoleráveis. No governo de Juscelino Kubitschek, por exemplo, fez-se a opção por "um elevado nível de investimentos e, ao se manterem as importações de equipamentos necessários ao desenvolvimento econômico, apelou-se para um progressivo endividamento externo" (TOLEDO, 1997, p. 23). O fato é que essa decisão levou a um aumento significativo da taxa inflacionária brasileira, fazendo com que a inflação aumentasse consideravelmente a partir desse momento. Esse mesmo autor acrescenta que no governo desenvolvimentista de Juscelino houve também um acentuado descompasso entre o crescimento do setor industrial e o da agricultura.

> A produção agrícola apresentou a taxa anual média de crescimento de 4,3% inferior a de todos os demais períodos: com o aumento da população urbana (75% entre 1952 a 1961) e um aumento do poder de compra dos assalariados em geral, houve, conseqüentemente, a expansão da demanda de alimentos. Com o *insuficiente crescimento da produção agrícola* para o mercado interno, passaram a ocorrer, a partir de 1961, agudas crises de abastecimento, gerando inquietações sociais e movimentos reivindicatórios de grande extensão nos campos e nas cidades. (TOLEDO, 1987, p. 24).

É Skidmore (1988) quem observa que os brasileiros, assim como muitos latino-americanos – por razões históricas –, são bem mais tolerantes com a inflação do que os norte-americanos e os europeus ocidentais. Segundo ele, por experiência própria, esses povos "têm consciência de que não podem esperar a mesma estabilidade monetária com que as economias do Atlântico Norte podem contar" (SKIDMORE, 1988, p. 36).

Mesmo assim, na primeira metade da década de 60, a inflação escandalizou até os próprios brasileiros. Com isso, pode-se sinalizar que, apesar das dificuldades econômicas, na década de 60 brasileira, sobretudo em seus quatro primeiros anos, além da tentativa de maior democratização e libertação de setores mais oprimidos da sociedade, constituiu-se um clima constante de problemas, com alguns ensaios golpistas e com um golpe político-militar plenamente vitorioso.

Contudo, os brasileiros daqueles anos vislumbraram a possibilidade de se libertarem definitivamente do complexo colonial e se igualarem, no mínimo, aos povos mais desenvolvidos do planeta. Nesse período, as pessoas viram na abertura política e nos meios de comunicação de massa – jornais, revistas, rádio, teatro, cinema e televisão – os principais caminhos para a viabilização e realização dessa tarefa. Para muitos, o Brasil não poderia ficar imune à influência estrangeira no momento em que começavam a desabar as barreiras da comunicação na chamada "aldeia global"[38].

Apesar do clima propício para a concretização dos ideais libertários, fortes segmentos da sociedade, os militares principalmente, impuseram, juntamente à significativa mobilização política das classes dominantes e de setores das classes médias, uma nova ordem político-institucional no País. Para eles, só "uma revolução purificaria a democracia, pondo fim à luta de classes,

---

[38] Para o canadense Marshall McLuhan, por exemplo, teórico da comunicação, nos anos 60, o mundo estava começando a se tornar uma "aldeia global". No Brasil, no período do regime militar, sobretudo na sua primeira metade, os meios de comunicação de massa passaram por profundas transformações. Segundo Almeida e Weis (1988), em nenhum outro período a mídia modernizou--se tanto e tão rapidamente.

ao poder dos sindicatos e aos perigos do comunismo" (FAUSTO, 1999, p. 458). Foi assim que tivemos – em vez da concretização dos ideais libertários tão almejados – um golpe. Literalmente, um "golpe militar".

Esse golpe, no momento em que ele ocorreu, acabou recebendo grande apoio da mídia e de vários segmentos sociais. A partir daí, o que se presenciou foram os setores populares e democráticos do País pagando um preço muito elevado pela resistência oferecida aos golpistas em 1961, quando da posse de Jango.

> [Recorda-se assim que] na cultura, nos agitados primeiros anos da década, falava-se da Bossa Nova, criou-se o Cinema Novo e o Centro Popular de Cultura da União Nacional dos Estudantes (CPC/UNE). Mas, logo depois, o golpe militar de 1964 e a derrubada de João Goulart surpreendem o país. Os militares fazem uma 'limpeza', suspendendo direitos políticos, cassando mandatos, prendendo, demitindo, aposentando políticos, sindicalistas ou trabalhadores identificados aos ideais de esquerda. (CARMO, 2001, p. 41).

Vislumbrando uma nova ordem político-institucional para o País, os militares decretam na primeira semana de abril o Ato Institucional nº 1. Com esse ato,[39] o regime militar acabou com as organizações que poderiam vir a dificultar a instalação do seu projeto de governo. Foram especialmente tolhidas em suas bases de ações a Central Geral dos Trabalhadores (CGT), as Ligas Camponesas, a União Nacional dos Estudantes (UNE) e os Centros Populares de Cultura (CPCs)[40].

---

[39] Ato Institucional é um decreto-lei do poder executivo que suspende as garantias constitucionais (HOUAISS e SALLES, 2001, p. 43).

[40] Os CPCs, por exemplo, eram ligados à União Nacional dos Estudantes (UNE) e ao Partido Comunista Brasileiro (PCB). Eles tiveram uma atuação expressiva no período de 1962 a 1964. Seus integrantes entendiam que grande parte do povo brasileiro vinha sendo cotidianamente alienada pela indústria cultural. Com isso, as ações desse grupo visavam a uma urgente politização do povo brasileiro, usando principalmente as artes populares para realizar esse trabalho. A estraté-

Segundo Fausto (1999), "o movimento de 31 de março de 1964 tinha sido lançado aparentemente para livrar o país da corrupção e do comunismo e para restaurar a democracia" (FAUSTO, 1999, p. 465). Mas o que se viu, em seguida, foi a ascensão dos militares e a instalação de um regime autoritário altamente repressivo que passou a governar recorrendo a uma sucessão de atos institucionais, que culminaram com o AI-5, banindo, por um bom tempo, muitos dos sonhos dourados que a juventude dessa década vislumbrou realizar.[41]

Ao se instalarem no poder, no dia 9 de abril de 1964, os militares fizeram com que a história política brasileira desse uma verdadeira guinada. Antes, porém, foi preciso controlar a confusão criada com o fim abrupto do governo constitucional para, em seguida – mais precisamente no dia 15 de abril –, o Marechal Humberto de Alencar Castelo Branco poder, mais tranquilamente, assumir a "vaga" de presidente da República, dando início, assim, ao ciclo de presidentes militares que por 20 anos ocuparam o poder.[42]

Para Fausto (1999), embora a proposta de governo que se instalara com o "golpe" violasse visivelmente os princípios básicos da democracia, o regime quase nunca assumiu expressamente sua feição autoritária. Os estudantes, atores sociais que haviam con-

---

gia básica era conscientizar as camadas mais pobres dos brasileiros, levando o cinema, o teatro e a música popular aonde essas pessoas estivessem: nas fábricas, favelas, sindicatos e escolas. Os partidários dos CPCs acreditavam que o acesso à cultura popular possibilitaria uma efetiva transformação social.

[41] A expressão "regime militar" significa que pela primeira vez a cúpula das Forças Armadas assume diretamente o poder e muitas funções de governo. Já sobre o AI-5, como bem expressa o número, indica que já haviam sido decretados quatro atos institucionais. O quinto deles teve maior repercussão devido ao seu rigor ditatorial e aos poderes absolutos que conferia ao presidente: o Congresso foi fechado, mandatos de políticos foram cassados, efetuaram-se prisões sem acusação formal, intensificou-se a censura e o presidente Costa e Silva mergulhou o País no período sombrio do autoritarismo.

[42] Ressalta-se que uma das principais características do regime implantado em 1964 foi o de não ser uma ditadura pessoal. Pode-se "compará-lo a um condomínio em que um dos chefes militares – general de quatro estrelas – era escolhido para governar o país com prazo definido" (FAUSTO, 1999, p. 475).

quistado um papel de destaque no governo Jango, foram especialmente visados pelo novo regime. Para se ter alguma ideia, basta lembrar que, no primeiro dia do mês de abril, o dia seguinte ao golpe, a sede da União Nacional dos Estudantes (UNE), no Rio de Janeiro, foi violentamente invadida, incendiada e em seguida colocada na ilegalidade. A dissolução da UNE levou os estudantes a atuarem na clandestinidade. Ainda segundo Fausto (1999), outro alvo "privilegiado" foram as universidades. A Universidade de Brasília (UnB), por exemplo, criada com propósitos renovadores e considerada subversiva pelos militares, sofreu também invasão um dia após o golpe. Além de estudantes e professores universitários, vários outros atores sociais – como os participantes das Ligas Camponesas, sindicalistas, juízes, jornalistas, artistas e políticos – sofreram também violentas repressões e perseguições por parte do novo governo.

Outra ação decisiva dos militares, tendo em conta seu grande interesse em reprimir, disciplinar e controlar bem de perto a sociedade e os indivíduos, ocorreu em junho de 1964, quando o regime militar criou o temível Serviço Nacional de Informações (SNI) [43].

> O SNI tinha como principal objetivo 'coletar e analisar informações pertinentes à segurança nacional, à contra-informação sobre questões de subversão interna'. Na prática, transformou-se em um centro de poder quase tão importante quanto o Executivo, agindo por conta própria na 'luta contra o inimigo interno'. O general Golberi chegou mesmo a tentar justificar-se, anos mais tarde, dizendo que sem querer tinha criado um monstro. (FAUSTO, 1999, p. 468).

---

[43] Anteriormente, e também nesse sentido, em decorrência da Revolução Cubana e com receio do avanço do comunismo na América Latina, representantes franceses e americanos em parceria com a Escola Superior de Guerra (ESG) criaram a Doutrina da Segurança Nacional. Recorde-se que a vitória da Revolução Cubana se deu em 1959, porém, segundo Fausto (1999), a missão dos Estados Unidos, especialmente, permaneceu no Brasil de 1948 a 1960. A figura central, como técnico e organizador da Doutrina de Segurança Nacional, foi o general Golberi do Couto e Silva, que também foi o "grande" idealizador do SNI.

A máquina militar contou também com o Departamento de Ordem Política e Social que "solicitava", entre outras coisas, que os síndicos dos prédios fizessem com que todos os moradores preenchessem fichas cadastrais que, em seguida, sem o conhecimento deles, deveriam ser enviadas ao DOPS. Percebe-se, assim, que "disciplinar" e "controlar" ou mesmo "vigiar" e "punir" serão as novas normas que, depois de 1964, passarão obrigatoriamente a fazer parte do cotidiano do povo brasileiro. Em resumo, os 20 anos de regime militar vão ser, por excelência, anos de repressão, de perseguições políticas, de torturas, de desaparecimentos e mortes de pessoas opositoras do modo militar de governar. Será também, para a classe média brasileira, o período de "melhorar de vida".

> O aprofundamento do autoritarismo coincidiu com, e foi amparado por, um surto de expansão da economia – o festejado 'milagre econômico' – que multiplicou as oportunidades de trabalho, permitiu a ascensão de amplos setores médios, lançou as bases de uma diversificada e moderna sociedade de consumo, e concentrou a renda a ponto de ampliar, em escala inédita no Brasil urbanizado, a distância entre o topo e a base da pirâmide social. (ALMEIDA; WEIS, 1988, p. 333).

Segundo os autores citados, "a combinação de autoritarismo e crescimento econômico deixou a oposição de classe média ao mesmo tempo sob o chicote e o afago" (ALMEIDA; WEIS, 1988, p. 333). Contudo, segundo esses mesmos autores, fez-se oposição ao regime militar de múltiplas formas, com variável intensidade e diversos graus de envolvimento. Foi assim que em um primeiro momento, em um contexto fortemente repressor, a cultura[44] passou a ser uma das poucas alternativas de oposição.

---

[44] No ciclo de palestras sobre cultura, realizado em novembro de 1995 no Centro Cultural do Banco do Brasil, no Rio de Janeiro, fez-se a opção de definir "cultura" como um substantivo polissêmico, querendo com isso afastar de vez qualquer tentativa de aprisionamento do termo em um sentido

Foi nessa época, inclusive, que surgiram os famosos festivais de MPB, o teatro de Arena, o Cinema Novo e uma nova proposta de educação coletiva.

> De Recife, despontava o educador Paulo Freire (1921-1997) com um revolucionário método pedagógico que visava conscientizar os adultos. Acreditava que a difusão do ensino da leitura e da escrita levaria o povo a engajar-se na luta por seus direitos. (CARMO, 2001, p. 59-60).

Os militares, quando percebem a "nova via" encontrada por uma boa parcela dos jovens para manifestarem suas insatisfações com o regime, tornaram ainda mais intensas as perseguições aos que participavam mais assiduamente desses movimentos contrários ao governo. Com isso, o período de 1964 a 1968 foi se caracterizando pela consolidação do estilo de governar do regime militar. O Brasil pós-64, no plano político e social, vai experimentar de várias formas a força desse governo e vai tentar também, de várias maneiras, encontrar algum canal para a expressão e, se possível, modificação do clima de insatisfação existencial que se instalou desde então no País. Foi assim, ao meu ver, que os jovens brasileiros, procurando a todo custo resistir, ou mesmo construir *linhas de fugas*, acabaram também por produzir uma versão equatorial de "sexo, drogas e *rock'n'roll*".

Em um clima de festa, como se nada de muito grave estivesse acontecendo, o "Movimento da Jovem Guarda" lançava no Brasil "as primeiras manifestações culturais do corpo como fonte de prazer" (CARMO, 2001, p. 45).

> A jovem guarda era a versão rebelde do *rock'n'roll*, ritmo que estava invadindo o mundo inteiro. Sua música

---

único e mesmo universal. Para os conferencistas que participaram desse evento, praticamente todos, o termo *cultura* permanece em contínuo processo de complexificação e vem sofrendo mudanças significativas através do tempo e do espaço. Na década de 60, particularmente, *cultura* era entendida especialmente como o cultivo das pessoas por meio da informação, das artes populares e do conhecimento.

> emblemática *Quero que vá tudo pro inferno* revela um pouco seu ideário. Defender a música nacional não importava para essa tribo. [...] [O nome jovem guarda] foi inspirado numa frase de um livro comunista de Lênin: 'o futuro pertence à jovem guarda porque a velha está ultrapassada'. [...] a jovem guarda preencheu um vazio consumista e encantou também o universo da garotada [...]. (CARMO, 2001, p. 43).

Segundo esse autor, naquele momento, a minissaia surgia como a grande novidade, com a cantora Wanderléia, por exemplo, exibindo seu corpo insinuante nos primeiros *flashbacks* transmitidos pela TV brasileira.[45] Com aparente ingenuidade, a Jovem Guarda ou os jovens do "iê-iê-iê" reproduziam a imagem – pelo menos a imagem que o regime militar permitia reproduzir – de um novo país, em pleno desenvolvimento, com novos símbolos do mercado de consumo. Para os representantes do novo movimento musical,[46] "as baladas românticas, de letras fáceis, convidavam a garotada a festejar os novos tempos: era a emergência da sociedade de consumo trazendo a promessa de uma vida mais agitada" (CARMO, 2001, p. 44). Com esses jovens, as músicas da MPB[47] que se destacavam mais pelos seus conteúdos de denúncia sociopolítica vão saindo de cena, ou pelo menos vão sendo colocadas de lado. Segundo Vilarino (1999), houve, durante a vigência do regime militar, uma nítida despolitização das canções, espe-

---

[45] Vale lembrar que a televisão no Brasil teve a sua primeira transmissão no dia 18 de setembro de 1950, em São Paulo, através da TV tupi, canal 3, de propriedade de Assis Chateaubriand. Contudo, sua maior inserção social vai se dar a partir da década de 60. Para se ter uma rápida ideia, em 1951 havia 3.500 aparelhos de televisão no Brasil, 141.000 em 1955 e, em 1959, esse número subiu para 434.000. Segundo a Associação Brasileira da Indústria Eletroeletrônica, no final da década de 60, o número de aparelhos em uso no Brasil saltou para 4,36 milhões.

[46] O movimento da Jovem Guarda foi composto pelo trio ternura: Wanderléia, Erasmo e Roberto Carlos. Além de outros *pop stars* como Wanderley Cardoso, Jerry Adriani, Martinha, Golden Boys, The Fevers, Renato e seus Blue Caps, Rosemary, Vanusa, Silvinha, Sérgio Reis, Ronnie Von e outros.

[47] A Bossa Nova, a Jovem Guarda e a Tropicália são movimentos da música brasileira que se encontram e marcam, de maneira especial, a década de 60. A MPB, pelo lugar que ocupou na indústria cultural e na cultura da juventude, foi – nos anos 60/70 – o mais amplo canal de denúncia do autoritarismo no Brasil.

cialmente devido à censura às letras e ao período de exílio de vários compositores.

A censura é um artifício imanente às ditaduras e, no Brasil, foi o preço a ser pago até pelos empresários, já que o Estado controlado pelos militares era o principal incentivador do desenvolvimento capitalista. A busca de uma identidade nacional pelo Estado, pelo viés da indústria cultural, é reinterpretada em termos mercadológicos: a 'nação integrada' é, antes, a interligação dos consumidores espalhados pelo país. Nesse sentido, o nacional identifica-se ao mercado. (VILARINO, 1999, p. 96).

Para Vilarino (1999), os festivais de MPB, que eram tidos como locais de resistência para o público jovem e, em particular, para compositores, intérpretes e músicos, passaram a ser também a vitrine para os patrocinadores exibirem os seus produtos. Com os empresários usando a indústria fonográfica e a força da mídia – especialmente as emissoras de rádio e de TV –, as músicas passaram a ser vendidas como mais um produto no mercado de consumo. Um dado significativo, especialmente no que diz respeito à Jovem Guarda, é que desde o início o sucesso desse movimento esteve vinculado à televisão e a um bem montado esquema publicitário. Com isso, outros produtos passavam a se ligar também às músicas, "às imagens contidas nas letras, aos instrumentos, aos próprios compositores e intérpretes" (VILARINO, 1999, p. 97) etc.

Ditando moda, os cabelos longos de Roberto (à Beatles), os anéis e colares reluzentes de Erasmo, as roupas coloridas, as gírias (brasa mora, broto, carango, cuca, barra-limpa, papo-firme etc.) ou qualquer atitude ensaiada no palco eram logo imitados pelo grande público. Desmaios, choros, correrias e gritos irão acompanhar as apresentações dos cantores. (CARMO, 2001, p. 45).

Outro aspecto que pode ser destacado desse momento é o que se relaciona ao uso das drogas. "Na segunda metade dos anos 60, os novos comportamentos incluíam crescentemente alguma incursão ao território das drogas: o 'baseado', o 'ácido' ou 'pó'." (ALMEIDA; WEIS, 1988, p. 403). Se para os principais representantes da Jovem Guarda (Roberto e Erasmo Carlos), por exemplo, a velocidade significava literalmente "pisar no acelerador" de seus carros, para os Mutantes – grupo musical formado por Rita Lee e os irmãos Arnaldo e Sérgio Batista – voar metaforizava a "viagem" psicodélica da contracultura. Para os Mutantes, "a nova onda era 'pisar no acelerador da mente', expandi-la, incursionando por outros climas perceptivos e penetrando novos registros sensoriais" (CARMO, 2001, p. 47).

É muito provável que, por ter sido considerado ingênuo demais, o movimento da Jovem Guarda não tenha atendido plenamente aos anseios de boa parcela da juventude dos anos 60. Contudo, não há dúvidas que foi mais uma "brecha" encontrada pelos jovens daquele momento. Para aqueles que se consideravam mais engajados na política,

> [...] para os críticos (mais radicais) de esquerda, a Jovem Guarda, com suas guitarras e suas músicas, constituía-se de um grupo de jovens alienados e submissos à influência maléfica do imperialismo cultural norte-americano. [...] as canções da Jovem Guarda eram inspiradas no cotidiano de seus compositores e segundo os desejos e anseios mais óbvios de parte da juventude. Ao captarem os desejos mais banais da juventude, sem crítica, tornaram-se rapidamente seus porta-vozes. (CARMO, 2001, p. 45).

Em resumo, é desnecessário afirmar que nem a MPB, nem a Jovem Guarda, a Bossa Nova, ou nenhum outro movimento na música ou nas artes brasileiras estavam – como era comum pensar no meio militar – em condições de ameaçar a ordem político-social do País. Não obstante, segundo Vilarino (1999), ao fazer a crítica e preconizar a mudança, a MPB, particularmente, contribuiu bastante para a politização dos jovens brasileiros, incitando-os, inclusive, a uma reflexão que já indicava um explícito posicionamento de resistência às arbitrariedades do regime militar.

Agora, sabe-se também que os meios de comunicação de massa não trouxeram somente as novidades do sexo, das drogas e do *rock'n roll*. Eles faziam aparecer, também, pela primeira vez, em muitas salas de jantar, as atrocidades cometidas pelo exército norte-americano. Nos anos 60, um dos temas recorrentes nas discussões dos governos norte-americanos era o comunismo. O horror norte-americano ao comunismo fortaleceu-se particularmente na Revolução Cubana e com a Guerra do Vietnã.

> A história desse país asiático (Vietnã) vinha de longe, mais especificamente desde 1941, quando o Partido Comunista vietnamita iniciara a guerra de guerrilha contra a ocupação militar japonesa; posteriormente derrotara o colonialismo francês (1954) e a partir de 1964 passou a enfrentar os norte-americanos. O objetivo do exército americano era conter o avanço da guerrilha comunista situada ao Norte do Vietnã e que avançava em direção ao Sul. (CARMO, 2001, p. 48).

Contudo, verificou-se mais tarde que a guerra fora um grande engano, um atoleiro. Segundo Carmo (2001, p. 49), "a justificativa para a guerra estava centrada na 'teoria do dominó': ontem Cuba, hoje Vietnã, amanhã podia ser, em hipótese, o Brasil a cair nas mãos dos comunistas". Mesmo assim, a trágica luta da população vietnamita, em condições de enorme inferioridade militar contra o poderio bélico americano, mostrava a capacidade de resistência que era possível criar em resposta à agressão imperialista.

> Cada pedaço de terra era disputado arduamente. Assim, a luta dos vietnamitas tornava-se, principalmente aos olhos da juventude, verdadeiro exemplo de resistência, despertando o espírito de solidariedade internacional. O conflito serviu de mote para o célebre lema de Che Guevara: 'criar um, dois, três, muitos vietnãs'. Ou seja, tratava-se de criar muitos focos de guerrilha contra o capitalismo. (CARMO, 2001, p. 22).

Para muitos historiadores do Brasil, a guerra do Vietnã ficou gravada no imaginário do jovem brasileiro sob diferentes perspectivas. Alguns desses jovens viam com bons olhos o "sucesso" das guerras de guerrilhas. Para eles, a alternativa encontrada para resistir ao mando dos militares estava na insurreição armada. Esses jovens "guerrilheiros" brasileiros imaginavam que seria possível derrubar a ditadura militar pela força, pois seria o mesmo que estar em guerra, como no Vietnã. Entre os que aderiram à luta armada, uns haviam estudado política no curso secundário, outros – a maior parte deles – se fizeram militantes de oposição nas faculdades. Eles haviam decidido que a forma mais efetiva de contribuir para o processo de mudança era atuar em uma organização armada. Aqueles que decidiram por essa via foram movidos, sobretudo, pela crença na necessária e inevitável revolução, e a efetivação dessa alternativa de ação reforçou a já conhecida hostilidade do regime militar ao universo acadêmico e às organizações estudantis. Naquele instante, vários rapazes e moças, em sua maioria com pouco mais de 20 anos, mostraram-se dispostos a matar e a morrer por seus ideais. O momento em que se encontravam e as circunstâncias apresentadas os faziam crer que arriscar a vida era algo natural. Contudo, apesar da comprovada disposição, esses moços mais afoitos e radicais foram rapidamente desbaratados pelo regime.

Com isso, em um contexto político e social em que as garantias individuais a cada dia iam se definhando, bem como as incertezas e os conflitos íntimos iam aumentando e pesando cada vez mais, em uma atmosfera como essa, as alternativas eram:

> De um lado mísseis nucleares, abrigos atômicos, guerras; de outro, sonhos de vida comunitária. Tudo isso levou os jovens a dar um basta e explodir contra uma cultura que não lhes oferecia nenhum futuro. Daí a opção de 'cair fora' (*drop out*) do sistema ou do *establishment*. Sair da opressão ocidental, ganhar outro lugar e nova maneira de viver. (CARMO, 2001, p. 50).

Segundo o ex-líder estudantil brasileiro Vladimir Palmeira, "fomos presos, torturados, mortos, exilados e não chegamos a lugar nenhum. Não foram poucos os que desistiram da política ou 'desbundaram', como se falava na época" (ALMEIDA; WEIS, 1988, p. 371). A oposição começou a se deslocar do âmbito estritamente político para outras esferas sociais. A revolução, que até aquele momento era pensada exclusivamente no plano da macropolítica, deixou de ser uma questão *sine qua non* para os jovens dos anos 60. Pensaram, então, em fazer essa tão desejada revolução "mais por dentro", em que as mudanças ocorressem no plano da micropolítica: a proposta era que a revolução fosse, de algum modo, viabilizada e mais bem articulada dentro de cada um. Segundo Coelho (1990), vale saber que:

> Entre 1964 e 1968 as tentativas de mudança comportamental estavam articuladas com a luta política antiditatorial [...]. Apenas a partir de 1969 começaram a aparecer os primeiros sinais de existência de um movimento voltado especificamente para transformações individuais [...]. (COELHO, 1990, p. 147).

Essa nova realidade, a nova situação, abriu uma outra "brecha" (ou demanda[48]) na história do Brasil para que as pessoas,

---

[48] Segundo Baremblitt (1992), a noção de demanda liga-se ao movimento institucional francês, que afirma que nenhuma demanda é espontânea ou natural, mas produzida histórica e socialmente.

a partir desse momento, passassem a buscar também os recursos da psicoterapia para expressarem suas insatisfações. Nessa nova "brecha", além da psicoterapia, foram criados outros espaços de resistência como o movimento *hippie*, o uso de psicotrópicos, a religião oriental etc.[49] Seja como for, em qualquer uma dessas alternativas, a ideia básica era mudar o mundo, mas não mais o mundo como um todo, e sim mudar o "mundo interno". A partir de então, a preocupação com o *pessoal* passou a ser central.

Pode concluir-se, portanto, que o movimento cultural, social e político no Brasil dos anos 60, a partir de um certo momento, passa a se defrontar com duas perspectivas de poder: uma, macropolítica; e outra, micropolítica.

---

[49] Por uma questão de tempo, deixarei de lado essas outras alternativas e me ocuparei, na próxima parte, exclusivamente da psicoterapia, em especial da psicoterapia centrada na pessoa, que é o tema principal da minha reflexão.

PARTE 4

A PSICOLOGIA CENTRADA NA PESSOA NA HISTÓRIA DA PSICOLOGIA NO BRASIL

Nos anos 60, como foi analisado anteriormente, o movimento cultural nos EUA e os movimentos políticos e culturais brasileiros questionavam a desumanização e os poderes em geral. Os jovens dos mais variados lugares denunciavam o que eles consideravam como sendo os "podres poderes", as verticalidades, as opressões, as diversas formas de violências no mundo. Segundo Boanaim Jr. (1998),

> Muito do extraordinário sucesso da Terceira Força da Psicologia se deve ao *Zeitgeist* desse momento histórico, ao qual, de várias maneiras, suas propostas eram ressonantes e coincidentes, a ponto de, em diversos sentidos, ter sido o movimento da psicologia humanista abarcado como uma das facetas da contracultura. A própria posição geográfica de alguns dos principais centros de desenvolvimento e de difusão da psicologia humanista, como o quase lendário Instituto Esalen, colocava-os no centro dos acontecimentos, na Califórnia, Meca e terra prometida da contracultura americana. (BOANAIM JR., 1998, p. 28).

No Brasil, particularmente, foi também em um momento político-social e cultural bastante conturbado que a psicologia humanista passou a fazer parte do cenário nacional. Estávamos no auge da ditadura militar. A palavra de ordem naquele momento do País era: "Brasil, ame-o ou deixe-o". Os militares, no final da década de 60, estavam pouco tolerantes com novidades. Contudo, às psicoterapias, de um modo geral, surgiram no Brasil exatamente nesse período.

As psicoterapias, provavelmente, foram ganhando força nesse momento específico do País, especialmente, por serem entendidas como uma espécie de refúgio psíquico para os ainda descontentes com o sistema, com as alternativas que até aquele momento haviam sido encontradas para os problemas sociopolítico-emocionais decorrentes do enfretamento do regime.[50] Era, de algum modo, a subjetividade individual ganhando espaço em um universo predominantemente político. Segundo Almeida e Weis (1988), naquele momento, no Brasil dos militares, havia a máxima: "o pessoal é político".

> Quaisquer que fossem os valores e o estilo de vida efetivo dos intelectuais, profissionais liberais e estudantes de oposição, a vida política se derramava sobre a rotina diária e as relações pessoais, de forma ora sutil ora brutal. Mesmo quando o envolvimento com a oposição se limitassem à solidariedade aos oposicionistas de tempo integral, o cotidiano se alterava. Dentro de casa, nem tudo podia ser dito [...]. (ALMEIDA; WEIS, 1988, p. 405).

Nesse sentido, as psicoterapias no Brasil surgem também como um dos poucos espaços de privacidade "total" para os adversários do regime. Em seu *setting*, havia a possibilidade de serem geradas novas formas de percepção de mundo, novas maneiras de frequentar o mundo, novas formas de se viver melhor neste mundo. Nesse microespaço era possível, com liberdade e segurança, "contestar" as relações políticas, educacionais, familiares, amorosas etc. Com isso, a psicoterapia foi se constituindo entre os brasileiros como um lugar de possíveis mudanças. Nelas, era potencialmente possível a produção de novos sujeitos, de novos modos de ser. Ali era viável tratar – por meio do exercício do pensamento e da expressão verbal –

---

[50] Naturalmente, o desaparecimento, a prisão ou morte de pais, mães, maridos, mulheres, irmão, irmãs, filhos ou filhas transformavam o cotidiano das pessoas em um verdadeiro pesadelo.

de várias insatisfações existenciais, sem concretamente correr grandes riscos de vida. Enfim, a forte censura e repressão a vários assuntos impostos pela força do regime acabaram possibilitando que a psicoterapia surgisse no Brasil como mais uma brecha, ou espaço de resistência, especialmente para as pessoas das classes média e alta brasileiras daquele momento.

Contudo, segundo Michel Foucault, é preciso não esquecer que a psicologia como dispositivo político e social sempre foi responsável pela produção de subjetividades. E a *produção de subjetividades*, para esse autor, deve ser entendida como formas de pensar, sentir, perceber e agir, não como da natureza, da essência dos indivíduos, mas como produções históricas, datadas e localizáveis.

Em síntese, a contestação, sem dúvida nenhuma, em escala mundial, foi o denominador comum dos anos 60. Os diferentes aparatos de repressão (e de resistência) – no Brasil e no mundo – foram os principais responsáveis pela produção em massa de certas formas de subjetividades. Os brasileiros, especificamente, da segunda metade da década de 60 em diante, passaram, de acordo com as experiências vivenciais de cada um, a experimentar processos de subjetivação caracterizados, sobretudo, por uma maior valorização da interioridade psicológica. As pessoas passaram a dar menos importância ao que ocorria fora delas e voltaram-se mais para o que acontecia dentro de si mesmas. De um momento para o outro, as categorias políticas foram transformadas em categorias psicológicas, surgindo com isso a necessidade de se repensarem as relações entre a política e a subjetividade.

> A importância do consumismo, a busca da ascensão social como decorrência dos méritos pessoais, a sobrevalorização da intimidade psicológica são algumas das balizas desse [novo] modo de viver. O íntimo e o familiar tornam-

-se o refúgio derradeiro contra os terrores sociais, já que a política era entendida como pertencente ao governo, e a competência das pessoas deveria estar restrita ao trabalho, ao estudo, enfim, ao subir na vida. (FERREIRA NETO, 2002, p. 97).

Fortalecia-se o "mergulho" para dentro de si, de sua família. Segundo Costa (1984), em seu estudo sobre a geração AI-5, constata-se que, com o estilo militar de governar, criaram-se as condições políticas e econômicas que em muito contribuíram para a desestruturação do núcleo da família burguesa brasileira, levando cada um de seus membros a buscar uma nova definição para as suas identidades privadas.

> O importante era o autoconhecimento e, como efeito disso, a ênfase dada ao privado, ao intimismo e à desqualificação de tudo que fosse público ou político, principalmente político. Para os jovens da classe média, já que não era possível mudar o mundo, que se mudasse individualmente. (COIMBRA, 1995b, p. 57).

A partir daí, segundo Ferreira Neto (2002), um grupo considerável de pessoas passam a ser frequentes consumidoras dos serviços psicológicos prestados pelos profissionais da psicologia. As pessoas e, especialmente, as "famílias em crise" passam a contar, então, com esses novos especialistas brasileiros, propiciando, assim, o chamado *boom* das psicoterapias no País.

> [...] ao lado do profundo intimismo, houve também a produção do familiarismo, quando foi intensificada a importância da família no bem-estar e estruturação de seus membros. Duas categorias de acusação foram muito difundidas no Brasil e no mundo nos anos 70: a do drogado e a do subversivo. Dois perigosos inimigos, pois se colocavam contra a família, a pátria, a religião, o trabalho, tendo claras conotações patológicas. Deviam ser reprimi-

dos, bradavam muitos, mas argumentavam, deviam ser também tratados. (COIMBRA, 1995b, p. 57).

A proposta de psicoterapia, mais especificamente a "rogeriana", surgiu no final da década de 1960, em várias capitais brasileiras.

Contudo, foi sobretudo no eixo Rio-São Paulo que essa proposta de psicologia acabou sendo mais difundida, inclusive tendo aplicações distintas em cada uma dessas capitais. No Rio de Janeiro, por exemplo, o enfoque rogeriano se voltou inicialmente quase que exclusivamente para as práticas pedagógicas. Já em São Paulo, as ideias de Rogers foram, em um primeiro momento, mais bem aproveitadas no campo da clínica psicológica.

Segundo Tassinari & Portela (1996), o surgimento mesmo das ideias de Carl Rogers se deu primeiramente no Rio de Janeiro, por meio do trabalho de Mariana Alvim, provavelmente a primeira pessoa que estudou e apresentou as noções de Rogers para os psicólogos e educadores brasileiros. Segundo essas pesquisadoras, Mariana Alvim conheceu "Rogers em 1945, em Chicago, quando foi estudar as 'boas' instituições nos EUA, que trabalhavam com delinquentes desvalidos. Aprendeu o que na época denominava-se 'entrevista não-diretiva'" (TASSINARI; PORTELA, 1996, p. 21). Em entrevista concedida a essas pesquisadoras:

> Mariana nos relata que sentiu-se bem recebida pela maneira afetuosa e interessada expressada por Rogers, que já naquele ano mostrou interesse em vir ao Brasil. Em 1947, Mariana foi chamada para organizar o ISOP (Instituto de Seleção e Orientação Profissional)/RJ, quando passou a usar efetivamente a 'técnica não-diretiva'. Ela também foi parcialmente responsável pela inserção de Maria Constança Villas Bowen na Abordagem. Mariana teve oportunidade de participar de vários workshops nos EUA e no Brasil, tendo mantido contato estreito

com Rogers e partilhado de suas ideias de maneira viva, aplicando-as em seu trabalho, sem, contudo, ter criado um grupo específico de disseminação. (TASSINARI; PORTELA, 1996, p. 22).

Já em São Paulo, mais especificamente, a difusão das ideias de Rogers aconteceu a partir de 1964, por meio dos cursos de "Aconselhamento Psicológico"[51] realizados na USP pelo professor Oswaldo de Barros. De acordo com Coimbra (1995a), a USP e, com menos intensidade, a PUC/SP e o *Sedes Sapientiae* foram as instituições brasileiras que mais contribuíram para a promoção e divulgação das ideias desse autor.

Em Belo Horizonte, as ideias de Carl Rogers começaram a ser discutidas na primeira turma do primeiro curso de graduação em Psicologia da UFMG (Universidade Federal de Minas Gerais), que teve seu início em 1963.

> Antonio Quinam relata sobre a constituição do primeiro grupo de estudos da Abordagem Centrada na Pessoa em 1970, que posteriormente se constituiu em sociedade civil designada CENEP – Centro de Estudos de Psicoterapia, dissolvido em 1978, ainda que alguns de seus integrantes continuem até hoje, como um grupo de estudos. Temos notícias do Primeiro Grupo de Formação de Psicoterapeutas, coordenado por Antônio Luiz Costa, no final da década de 60, período que ocorreu grande divulgação da Abordagem, inclusive no meio acadêmico. O grupo mineiro foi, de certa forma, influenciado por Pierre Weil, Max Pagés, Maria Bowen, Maureen Miller [...]. (TASSINARI & PORTELA, 1996, p. 8).

---

[51] Para os rogerianos, de um modo geral, a Abordagem Centrada na Pessoa pode assumir, conforme o caso, a forma de *aconselhamento* ou *psicoterapia*. Há uma tendência entre os psicólogos que fizeram opção por essa abordagem em utilizar o termo *aconselhamento* para designar entrevistas preliminares e superficiais, reservando o conceito de *psicoterapia* para contatos mais intensivos e com duração mais prolongada, em que é almejada uma organização mais sistemática da subjetividade. Segundo Rubio (1999), Carl Rogers utilizava esses termos indistintamente.

No Recife, também na década de 60, segundo pesquisa realizada por Tassinari & Portela (1996), as faculdades de Psicologia dessa capital passaram a oferecer disciplinas obrigatórias na graduação, relacionadas às ideias de Rogers; a partir daí, vários cursos de formação de psicoterapeutas acabaram sendo realizados, todos por iniciativa de Lúcio Campos, Maria Auxiliadora Moura e Maria Ayres. O resultado da dedicação desses profissionais acabou proporcionando um núcleo considerável de pessoas interessadas pela psicologia rogeriana em diversas cidades do Nordeste. Segundo Tassinari e Portela (1996),

> Realizamos várias entrevistas no Nordeste, onde evidenciou-se [principalmente] a forte influência do Lúcio Campos como psicoterapeuta, professor e supervisor de várias gerações de psicólogos desde a década de 60, quando fundou o Instituto de Psicologia da Universidade Católica de Pernambuco. A formação de Campos foi feita nos Estados Unidos, onde tornou-se psicólogo, aprofundando seus estudos na 'Terapia Rogeriana' [...]. Sua influência foi tão fortemente sentida que muitos nordestinos atribuem-lhe o declínio dos estudos teóricos e práticas, na década de 70, após seu afastamento das instituições universitárias. (TASSINARI; PORTELA, 1996, p. 22).

Em Porto Alegre, também no final dos anos 60, a proposta de psicologia rogeriana encontra boa acolhida tanto no espaço universitário quanto em grupos de estudos. Segundo Ir. Henrique Justo, um dos principais representantes da proposta rogeriana no Rio Grande do Sul, o primeiro contato que ele, particularmente, teve com as ideias de Carl Rogers foi em 1955/1956, por meio do livro de um psicólogo italiano que estagiou com Rogers nos EUA.

> Na época, eu tinha também um amigo que estava morando nos Estados Unidos, que aos poucos foi me enviando os livros de Rogers. Eu já era professor da PUC/RS, e aos pou-

cos fui me tornando 'rogeriano'. Institucionalmente, eu comecei a trabalhar com essa proposta de psicologia, após uma temporada de estudos em Paris, com seguidores de Rogers, sobretudo com André Peretti. Quando voltei, em 1968, comecei a apresentar as ideias de Rogers inicialmente nos cursos da PUC de Porto Alegre e depois no Centro de Estudo da Pessoa, também na capital gaúcha. Em 1969, Vili Bocklage e eu criamos esse centro de estudos, pelo qual passou uma centena de psicólogos. Como, naqueles anos, ainda não havia nada de Carl Rogers traduzido para o português, eu preparei uma apostila, e logo em seguida redigi um texto, que depois de algumas remodelações, foi, em 1973, publicado com o título Cresça e faça crescer, *que está atualmente, na sua sexta edição.* (Ir. HENRIQUE JUSTO, entrevista pessoal concedida ao autor, na cidade de Socorro/SP, em outubro de 2002).

De acordo com Fonseca (1983), vale lembrar também que essa proposta de psicologia, surgida inicialmente como uma produção voltada para a classe média norte-americana, acabou sendo, em seguida, transplantada para outros países, inclusive o Brasil, praticamente sem qualquer alteração.

A proposta de psicologia rogeriana, assim que chegou ao Brasil, contou imediatamente com a adesão de pessoas que eram tidas como de vanguarda, especialmente por suas militâncias políticas. Algumas, inclusive, estavam literalmente engajadas nas lutas de resistência contra a ditadura militar, como era o caso, por exemplo, de Iara Iavelberg. Em São Paulo, as principais representantes dessa recém-surgida proposta de psicologia foram Rachel Rosemberg e Iara Iavelberg, ambas alunas regulares dos cursos de Oswaldo de Barros. Iara Iavelberg, particularmente, esteve também envolvida na luta armada contra o regime militar.

Percebe-se, então, que, apesar da proposta rogeriana de psicologia ser muitas vezes acusada, segundo seus críticos mais ácidos, de não considerar os fatores históricos e culturais, estando, portanto, completamente desvinculada da realidade brasileira, ela se instala no Brasil por meio de pessoas nada apolíticas e muito menos desvinculadas da história do País. Inclusive, segundo Justo (2002), quando interrogado sobre a possibilidade de os simpatizantes da proposta rogeriana estarem alienados da realidade política e social brasileira, desde o surgimento dessa proposta de psicologia no Brasil, ele me responde da seguinte maneira:

> *Eu, particularmente, nunca lutei com os militares, não do jeito deles. Eu pensava assim: como eu não posso enfrentar, desarmado, homens que andam de fuzil e baionetas. Contudo, sempre acreditei na possibilidade de enfrentá-los de outras maneiras. Tanto é que no auge da ditadura militar eu orientei uma dissertação de mestrado sobre o Paulo Freire.* (Trecho da entrevista concedida por Ir. Henrique Justo ao autor, em Socorro/SP, em outubro de 2002).

Vale lembrar que tanto Paulo Freire quanto Rogers apresentam como motivo principal, tanto de suas ideias quanto de suas propostas de trabalhos, a busca plena de liberdade para as pessoas por meio da conscientização histórica e social.

Mesmo assim, façamos a seguinte pergunta: como os psicólogos e alguns historiadores da psicologia, interpretam, ou podem interpretar, essa "acolhida", no final dos anos 60, à psicologia humanista proposta por Carl Rogers?

Segundo Coimbra (1995a), por exemplo, com a ditadura militar já totalmente instalada no Brasil, ficava a sensação de que entrar para a clandestinidade por meio da luta armada ou de outra forma de resistência, como muitos o fizeram, apesar de ser uma alternativa de enfretamento e manifestação das insatisfações para com o regime, não era, talvez, o melhor caminho. Para ela, havia na época o entendimento que apontavam as pessoas que se dedicavam à militância política como sendo não somente irresponsáveis, pois colocavam em risco suas vidas e as de suas famílias, mas também desestruturadas emocionalmente.

Para essa autora, a resistência ao regime e à opressão, assim como as insatisfações e o questionamento tão vivos nos anos 60, colocava, para os psicólogos, de um modo geral, a necessidade de buscar formas alternativas voltadas para o fortalecimento do indivíduo, de modo a reforçar sua capacidade de resistência, sem, no entanto, deixá-los tão expostos à fúria do regime:

> [...] [Era] fundamental a acumulação de forças e para tanto a atuação em seus locais de trabalho, como uma forma de resistência [...]. A psicologia humanista, a metodologia não-diretiva e, enfim, as terapias 'alternativas' aparecem para muitos como uma resposta. (COIMBRA, 1995a, p. 264).

Com isso, a psicologia humanista proposta por Carl Rogers, pode, na minha interpretação, ser perfeitamente entendida como uma aliada nas lutas contra a desumanização, as opressões e as injustiças, e como uma das possíveis formas de resistência aos abusos do regime.

É preciso reconhecer que Rogers ganha maior evidência na história da psicologia, especialmente, a partir do momento em que apresenta uma nova proposta de abordagem humana. Suas ideias indicam que, diante das dificuldades da psicologia em lidar diretamente com os problemas políticos e sociais, uma alternativa pode ser trabalhar centrando-se exclusivamente na pessoa.

Segundo Mondin (1998), são várias as definições propostas para o termo *pessoa*.

> [Têm-se] as *definições psicológicas*, que são aquelas apontadas por Descartes, Hume, Fichte e que identificam a pessoa com a autoconsciência. Há também as *definições dialógicas*, que são aquelas de Mounier, Ricoeur, Levinas,

Buber, que afirmam consistir a pessoa na capacidade de dialogar com os outros e as *definições ontológicas*, que sugerem ser a pessoa a própria essência, a substância, ou mesmo, o ser do homem. (MONDIN, 1998, p. 25).

Veremos no decorrer dessa parte que a proposta rogeriana contempla nitidamente esses três grupos.

Segundo Moreira (2001), por exemplo, é a partir da ideia de homem como pessoa que o pensamento rogeriano se organiza em uma proposta de psicoterapia.

> A revisão cronológica dos escritos rogerianos mostra como ele vai se constituindo, se ampliando e se reformulando ao longo dos anos. Da *teoria não-diretiva* à *Abordagem Centrada na Pessoa* existe um longo percurso, em que ideias vão sendo superadas, pontos de vistas complementados e reelaborados. Entretanto, é interessante notar como a concepção de homem de Carl Rogers se mantém, ao longo de toda a sua teorização, ligado à noção de pessoa como centro. (LEITÃO, 1990, p. 57).

Para Carl Rogers, a realidade deveria passar, no contexto da psicoterapia, a ser analisada pela subjetividade privatizada. Esse autor sempre foi um apaixonado pela subjetividade humana. Segundo Rogers, toda pessoa existe em um mundo de experiências em constante mutação, do qual ela é o centro. Com isso, seguindo a sua proposta de psicologia, "as coisas" passariam a ser interpretadas de acordo com a lógica interna e individual de cada pessoa. Foi assim, no meu entendimento, que começou, na história recente do ocidente, a se trabalhar mais efetivamente com os homens, fazendo com que a realidade passasse a ser visualizada também pelo viés psicológico. Na visão de Rogers, definitivamente, o homem não é nem uma máquina, nem muito menos um ser guiado por forças inconscientes, mas um ser em vias de autocriação. Diante do contexto histórico, político e social de sua época, Rogers apresenta como tese central para a sua proposta de psicologia uma outra concepção de homem como sendo fundamentalmente construtiva e autorreguladora. Para esse psicólogo, toda pessoa possui em si, os recursos necessários para o seu próprio crescimento. Porém, esses recursos só estarão ao alcance se um clima definido de atitudes psicológicas for oferecido por uma outra pessoa. A psicologia que Carl Rogers procura validar, naquele momento, tem como pano de fundo básico, uma visão de homem como um ser em busca constante de si mesmo, que vive um contínuo processo de vir a ser e que apresenta uma tendência espontânea para se desenvolver.

Diante de tudo o que vinha ocorrendo nos anos 60 e, principalmente, após a experiência de duas grandes guerras mundiais,

> as pessoas estavam ficando cada vez mais resistentes a estabelecer vínculos mais profundos e duradouros, vivendo cada vez mais o vazio afetivo, a angústia, o desespero e a desesperança. As pessoas vinham, dia após dia, despotencializando-se, desumanizando-se *cada vez mais*. (ESCÍPIO DA CUNHA LOBO, entrevista pessoal concedida ao autor, na cidade de Belo Horizonte, em setembro de 1998).

Rogers busca discutir, incessantemente, a criação daquilo que ele definiu como sendo as condições apropriadas para o afloramento de potencialidades existentes em cada indivíduo. Acrescente-se que, ao longo dos anos, essa orientação para o "crescimento pessoal" fundiu-se com os *training groups* (*T.Group*)[52] e conjuntamente formaram o que veio a ser o núcleo do Movimento Grupalista que acabou se espalhando pelos Estados Unidos na década de 60 e na primeira metade da década seguinte, expandindo-se também para vários países da Europa e da América

---

[52] Os *training groups (T.Groups)* surgiram da dinâmica de grupo lewiniana, eles colaboraram principalmente para a difusão dos conceitos de Kurt Lewin e também para outras noções vinculadas às investigações com pequenos grupos.

Latina, propondo e ajudando a organizar os chamados "Centro de Desenvolvimento do Potencial Humano".

> [...] O T. Group e o grupo de base rogeriano são um marco, o dispositivo em que se injeta a nova cultura, na qual convergem contribuições da contracultura enquanto ideologia e experiência, mas também a influência das novas formas de psicoterapia. (LAPASSADE, 1980, p. 62).

Rogers propõe mudanças gerais nas relações de poder, entendendo que as relações de poder próprias do sistema capitalista anulam a liberdade de escolha ou de decisão das pessoas. Para ele, essas relações, quando ocorrem assimetricamente, como vêm ocorrendo, reforçam ainda mais os laços de dominação. Os relacionamentos humanos, para esse psicólogo, estão bastante comprometidos com um modelo já falido de relações. Segundo ele, os modelos de relacionamento, da maneira como vem efetivando-se, impossibilitam a libertação das pessoas. São relações por demais autoritárias, pautadas exclusivamente em verticalidades, e funcionando, principalmente, por meios opressivos. Diante dessas reflexões, uma "saída", segundo Rogers, seria que se procurasse viabilizar com alguma urgência novos modos de relacionamento, de organização e condução das pessoas. Segundo Leitão (1990), não é que Rogers pretenda dar poder às pessoas; ele apenas sugere que não o tirem.

Coerente com esses pressupostos, sua proposta de psicoterapia está totalmente respaldada pela ideia de encontrar algum refúgio psíquico para as pessoas e pela crença que ele tem no próprio poder de cada um para resolver mais efetivamente suas próprias questões. Rogers não acredita na eficácia de um macropoder capaz de mudar todas as pessoas ou toda sociedade, e sim em um micropoder, em um poder de mudar a si mesmo, em um poder pessoal.

Segundo Holanda (1998), o termo "centrado na pessoa", inclusive, para ser mais preciso, surgiu por volta de 1976, mas só se formalizou realmente a partir de 1977, com a publicação do livro de Rogers sobre o *Poder Pessoal*, em que ele amplia a filosofia da terapia centrada no cliente para outras áreas, tais como administração, supervisão e educação.

Sua ideia era que "através do *poder pessoal*, as pessoas pudessem combater a ordem social vigente, indo em busca de um mundo mais justo" (LEITÃO, 1990, p. 66). Rogers aposta na capacidade que as pessoas têm, desde que sejam oferecidas algumas condições psicológicas básicas, para se conduzirem por conta própria, para "governarem-se a si mesmas". Por meio do seu projeto de psicologia, procura discutir questões referentes às liberdades individuais e às potencialidades presentes em cada pessoa.

> Rogers enfatizou que o maior potencial da mudança residia na surpreendente capacidade do *cliente* (denominação que passou a adotar em oposição à conotação de passiva capacidade implícita na designação *paciente*) para organizar sua própria experiência, por meio de *insights* propiciados pela estrutura permissiva da consulta, em configurações mais sadias e adaptativas. (BOANAIM JR., 1998, p. 80).

Aí tem-se, segundo alguns intérpretes de Rogers, uma das razões do forte impacto de suas ideias no cenário brasileiro, sobretudo das propostas de psicoterapias que surgiam no Brasil. Acompanhando a tradição histórica das propostas de psicologias recentes nascidas nos Estados Unidos, nos anos 60, também no Brasil, a psicologia rogeriana vai colocar-se como um contraponto às propostas da psicanálise e do behaviorismo. Para Rogers, é preciso fazer com que as pessoas passem a acreditar que elas não estão entregues às forças do inconsciente e muito menos dos ambientes. Para ele, é preciso devolver às pessoas os poderes que cada um tem sobre si mesmo.

Para Boanaim Jr. (1998), Rogers propõe simplesmente que os terapeutas passem a acreditar mais no potencial existente em cada pessoa e que parem de fazer quase tudo o que vinham fazendo na condução dos processos psicoterapêuticos. Ou seja, propõe que parem de interpretar, diagnosticar, orientar, analisar, aconselhar, prescrever, enfim, dirigir o processo, tendo em conta, especialmente, a sua condição de especialista que sabe o que é melhor para o outro.

Para Rogers, as pessoas, de um modo geral, apresentam em comum a característica de serem capazes de se autodesenvolverem, sempre em direção ao melhor de si, tendo em vista as capacidades próprias inerentes a cada indivíduo. Segundo ele, todo ser humano tem um potencial de crescimento pessoal espontâneo, que lhe é próprio para desenvolver todas as suas potencialidades e para desenvolvê-las de maneira a favorecer sua conservação e seu enriquecimento.

> Rogers acredita, portanto, que todo ser humano tem um potencial de crescimento pessoal natural, que lhe é inerente e que ocorrerá desde que lhe sejam dadas as condições psicológicas adequadas para tal. Seu pensamento enfoca o homem como uma totalidade, um organismo em processo de integração. (LEITÃO, 1986, p. 66-67).

A aceitação desse potencial de crescimento pessoal espontâneo e a ideia de autorrealização favorecem o posicionamento do terapeuta antes como um facilitador do que alguém que atua sobre o outro.

> [...] Rogers dá uma ênfase toda especial ao papel dos sentimentos e da experiência como fator de crescimento. Para ele, a experimentação dos sentimentos é o cami-

nho para a integração e o desenvolvimento pleno do ser humano. É a experiência do momento e a vivência plena dos sentimentos que ocasionam a manifestação ativa do potencial de desenvolvimento existente na pessoa. (LEITÃO, 1986, p. 66-67).

Para Rogers, a matriz tanto do conhecimento como da afetividade é a experiência. Segundo ele, todos os aspectos da experiência peculiarmente humana são levados em consideração pela sua proposta de psicologia: o amor, o ódio, o medo, a esperança, a felicidade, a responsabilidade, o sentido da vida etc. Carl Rogers estava convencido de que as pessoas devem confiar em seus próprios exames e nas interpretações de seus próprios sentimentos e experiências. Ele também acredita que as pessoas podem melhorar conscientemente a si próprias. Essas ideias, inclusive, vão se tornar primordiais para a sua proposta de não diretividade em psicoterapia.

A não diretividade, ou a ênfase, em formas de atuação permissivas, não autoritárias, avaliativas ou direcionais no processo terapêutico, tornou-se, inclusive, o traço mais comum de identificação dos psicólogos rogerianos. A *não diretividade* é um conceito que atravessa, participa e permanece em todas as fases da constituição da proposta de psicologia de Carl Rogers. Na proposta rogeriana de não diretividade, a ideia básica é mesmo a de não direção, ou seja, a abstenção "total" por parte do psicoterapeuta de ações ou intervenções que possam vir a servir como guia no processo de crescimento da pessoa.

> Rogers estava fazendo, de fato, uma espécie de proposta, ou melhor, antiproposta revolucionária e desconcertante para o psicoterapeuta de então: pare de fazer tudo o que esteve fazendo, pare de atuar sobre o outro, pare de tentar dirigir seu processo de mudança; apenas ouça, apenas seja sensível, apenas entenda, apenas confie nessa

pessoa, apenas esteja com ela, apenas lhe permita ser, e descubra, nesse processo, as surpreendentes direções de mudança, auto-reorganização e crescimento a que isso pode levar. [...] A essa radical mudança de orientação e de atitude, em oposição às tendências diretivas e centradas no terapeuta que dominavam o cenário de então, Rogers denominou de orientação 'centrada no cliente' ou 'não--diretiva'. (BOANAIM JR., 1998, p. 80-81).

Rogers procura não mais privilegiar tanto as questões ligadas ao psicodiagnóstico, não privilegiar os temas que reforçavam ainda mais o poder do terapeuta em relação ao cliente; busca, sim, que os psicoterapeutas ousem voltar ao máximo possível a sua atenção para as potencialidades inerentes a cada pessoa. Sua proposta é que os psicólogos se concentrem mais no crescimento e no desenvolvimento da pessoa, deixando seus clientes mais livres para se autoconduzirem. A proposta rogeriana sugere aos terapeutas que eles procurem simplesmente, por meio das suas atitudes, ajudar seus clientes a conseguirem viver melhor, terem melhores condições para lidar com os embates da vida, e que promovam novas formas de relacionamento humano para que as pessoas que, porventura, eles venham a atender, possam adquirir mais confiança em si mesmas.

> Na orientação não-diretiva, acredita-se que existe em todo ser humano um processo natural e permanente de desenvolvimento, onde o indivíduo está em busca de sua auto-realização, autonomia e ajustamento. Quando estes resultados não são alcançados é porque alguma barreira esta impedindo o processo. Desta maneira, a melhor forma de ajudar alguém é contar com a força natural e permanente que ele já tem dentro de si. É criar condições favoráveis para que ele liberte o seu desenvolvimento, identificando e reiterando os obstáculos que o estão impedindo. (RUBIO, 1999, p. 17).

A ideia da não diretividade foi, originariamente, aplicada na psicoterapia proposta por Rogers. Com o decorrer do tempo, essa proposta de método psicoterápico foi progressivamente se estendendo a outros setores do relacionamento humano como o educacional, familiar, empresarial etc. Segundo Kinget (1966), vale ressaltar que o método é não diretivo, o que não significa que ele não tenha direção. "Toda situação psicoterápica está impregnada de direção – isto é, de significação orientada – por mais não-diretiva que seja a atitude do terapeuta".

Segundo Holanda (1998):

> é nesta atmosfera de permissividade que surgem as mais contundentes críticas direcionadas ao papel pouco ativo que o terapeuta exerceria, o que levou a uma série de mal--entendidos e de mitos sobre a figura do terapeuta 'que não fala' em terapia. Na realidade, seu esforço era uma tentativa de desarticular a conotação de autoridade relacionada ao terapeuta. (HOLANDA, 1998, p. 103).

A proposta de não diretividade está associada não à ideia de um novo método para os psicoterapeutas, mas a uma nova postura de relacionamento humano, completamente diferente do que vinha ocorrendo nos consultórios de um modo geral. Sua intenção era que essa proposta fosse levada para outros espaços além dos gabinetes de atendimento psicológicos. Em verdade, o que Rogers estava propondo era uma nova postura, um novo modo de ser para se trabalhar com as pessoas.

De acordo com Ramalho (2001), é notório, na década de 70, que uma série de escolas brasileiras passaram a se organizar pedagogicamente, baseando-se na psicologia rogeriana, visando, sobretudo, à proposta *não diretiva* na educação.

> Estas escolas não foram bem-sucedidas devido a uma série de deturpações no entendimento do que seria o não-

-diretivismo, que acabou se transformando numa espécie de *laissez faire*. Havia, por parte dos críticos, um tom bem jocoso quando se dizia adotar a proposta não-diretiva: 'ah, então vocês são os que deixam os alunos fazerem o que quiserem?' (LAURINDA RAMALHO, entrevista pessoal concedida ao autor, na cidade de São Paulo/SP, em agosto de 2001).

Contudo, a intenção da proposta rogeriana sempre foi a de ajudar as pessoas a procurarem fazer alguma coisa por si mesmas e aprenderem a se posicionar mais satisfatoriamente no meio em que vivem.

Nesse sentido, os psicólogos rogerianos consideram que a base necessária para as mudanças desejáveis do indivíduo é a plena compreensão e aceitação de si mesmo. Entendem que a relação terapêutica deve apoiar-se essencialmente no respeito à pessoa do cliente. Acreditam que todo ser humano deseja, em qualquer circunstância, "ser ouvido atentamente, compreendido honestamente e respeitado incondicionalmente na sua condição de sujeito" (CUNHA LOBO, entrevista pessoal concedida ao autor do presente trabalho na cidade de Belo Horizonte, em setembro de 1998). Para isso, Rogers e seus colaboradores desenvolveram o conceito de *consideração incondicional* à pessoa do cliente como sendo um dos princípios básicos[53] da Abordagem Centrada na Pessoa. Para eles, a pessoa, quando chega a procurar um terapeuta, ela já vem com toda uma carga de experiências nas quais já foi, de algum modo, repelida pelas outras pessoas.

Neste sentido, ele [o cliente] procura uma aceitação de si-
-mesmo quando do evento da terapia. A aceitação será,

---

[53] A descrição desses princípios, na ordem em que serão apresentados, terá apenas um caráter didático. Os rogerianos entendem que não há "maior" ou "menor" importância entre esses princípios, sendo todos igualmente importantes. Para esses psicólogos, as pessoas só vão abandonar suas defesas, e consequentemente possibilitar uma abertura, tanto para elas mesmas quanto para o outro, se essas condições ou princípios forem sendo oferecidos simultaneamente, dinamicamente nas relações.

então, um respeito pelo cliente, por sua independência – com seus próprios sentimentos e experiências -, por seu sofrimento e sua dor. (HOLANDA, 1998, p. 95).

Segundo os psicólogos rogerianos, a partir do momento em que a pessoa passa a ser seu cliente, a atitude deles como "facilitadores" será sempre de consideração incondicional à condição de vida e de expressão verbal dessa pessoa. Aceitam o que partir da pessoa, seja o que for.[54] Essa aceitação evidentemente se refere ao campo da fala, das expressões da pessoa, considerando especialmente as suas experiências no campo da linguagem. É o que eles chamam de *consideração incondicional* da experiência de vida da pessoa.

Um dos psicoterapeutas por mim entrevistado, Cunha Lobo, fez questão de acrescentar que:

> A aceitação incondicional *no contexto da psicoterapia não é, decididamente, aprovação nem tampouco reprovação. Para mim, essa 'postura facilitadora' tem muito mais a ver com a atitude compreensiva, que é um outro princípio que os 'rogerianos' adotam em seus trabalhos.* (Trecho da entrevista concedida por Cunha Lobo, em Belo Horizonte, em setembro de 1998).

A *compreensão empática* (ou atitude compreensiva)[55] diz respeito à capacidade que o terapeuta tem de compreender a experiência que o outro está vivendo, sendo capaz de ouvir a descrição da experiência que está sendo relatada sem fazer qualquer juízo ou julgamento, sem estar preocupado com a psicopatologia ou com qualquer outro enquadre nosológico.

---

[54] Segundo Holanda (1998), a analogia de que Rogers lança mão para ilustrar essa condição é a do sentimento de um pai para com uma criança que é apreciada como pessoa, e não em função de um comportamento em particular.

[55] Esse conceito refere-se a um outro princípio – ou atitude facilitadora – em que se recorre diretamente à noção de *intersubjetividade*. A *intersubjetividade* pressupõe que o outro possa ser compreendido, que as experiências do outro possam ser reconhecidas.

Junto ao tema principal da existência, com suas implicações de liberdade, escolha, responsabilidade, aparece também a ideia de coexistência, em que o interesse está totalmente voltado para a relação interpessoal, para a abertura ao outro. Para Rogers, o papel das outras pessoas, especialmente das pessoas consideradas mais significativas, sejam elas pais, professores, amigos, psicoterapeutas etc., é de suma importância para a criação de um clima terapêutico no qual sejam oferecidas as condições necessárias para o pleno desenvolvimento humano se dar. Na linguagem de Rogers, essas "pessoas" que acabei de citar devem ser os facilitadores do processo de crescimento do indivíduo.

Segundo Rogers, tanto os pais como os professores, os terapeutas etc. devem ser capazes de criar as condições existenciais necessárias, por meio das quais as potencialidades do indivíduo – filhos, alunos, clientes – possam se expressar.

Em resumo, para Carl Rogers, o crescimento, o desenvolvimento e mesmo a aprendizagem são processos que dependem muito dos tipos de relacionamentos que se estabelecem com outras pessoas. Para a psicologia rogeriana, "o eu precisa do outro". Na realidade, essa proposta de psicologia se distingue das demais por dar uma ênfase toda especial ao encontro efetivo entre, no mínimo, dois seres humanos, ou seja, o encontro com o outro, desde que esse outro crie ou possibilite as condições psicológicas adequadas para o desenvolvimento humano. Esse encontro facilita a mudança e a aprendizagem das pessoas.

Segundo Holanda (1998),

> Carl Rogers [...] ao reposicionar o terapeuta na relação com o seu cliente, [ele] redimensiona o valor e o papel do ser humano nas relações humanas e na sociedade. Suas ideias primam pela presença e pelo sentido do humano nas diversas relações. (HOLANDA, 1998, p. 47).

O modo como os terapeutas rogerianos realizam os seus trabalhos vai mostrando nitidamente para eles mesmos que, à medida que eles vão aceitando os seus clientes, essas pessoas começam também a aceitar a si mesmas. Ao aceitarem a si mesmas, elas começam a se compreender melhor. Compreendendo-se melhor, elas atingem um grau maior de conhecimento sobre si próprias e sobre as suas experiências.

Para Cunha Lobo, por exemplo, a relação terapêutica, como ele costuma praticar, "parte sempre da congruência[56] dele mesmo visando fazer com que o seu cliente também conquiste a sua própria congruência" (Trecho da entrevista concedida por Cunha Lobo, 1988).

Para Holanda (1998), o estado de congruência do terapeuta delimita uma maneira de ser da pessoa na relação. Trata-se do que Rogers define por autenticidade, sinceridade.

> A hipótese é que quando o terapeuta se mostra presente na relação, quando não se esconde por detrás de uma condição de sábio ou de detentor do poder sobre seu cliente, mas simplesmente é ele-mesmo na relação, com sua subjetividade e sua personalidade e consegue ultrapassar estas barreiras profissionais ou pessoais e se colocar realmente na relação, o cliente experimentará um sentimento de segurança que o possibilitará crescer positivamente. Esta condição é o primeiro momento para o evento de uma relação verdadeiramente existencial, é a abertura da pessoa do terapeuta para a pessoa do cliente. (HOLANDA, 1998, p. 92-93).

Uma outra ideia comum entre esses psicólogos é o que eles consideram como sendo o objetivo da psicoterapia rogeriana por excelência. Para eles, as pessoas só serão responsáveis pelos seus atos a partir do momento em que tomarem consciência deles.

---

[56] Esse psicoterapeuta, naquele momento (1988), acrescenta que entendia a *congruência* como a compreensão que uma pessoa possa ter, ou vir a ter, sobre si mesma.

Desse modo, a psicoterapia que eles praticam almeja, sobretudo, a tomada de consciência da pessoa por ela mesma por meio do encontro terapêutico. Em outros termos, pode-se dizer que o objetivo da proposta rogeriana de psicoterapia é levar (ou criar condições para) a pessoa saber, ou vir a saber, quem ela é; a conhecer-se melhor e, a partir daí, poder expressar em linguagem simbólica os sentimentos por ela experienciados.

O trabalho dos "rogerianos", segundo os entrevistados, procura possibilitar para as pessoas algum tipo de abertura, querendo facilitar-lhes a entrada em contato com os seus próprios sentimentos, com as suas experiências e com o mundo circundante. As pessoas entrevistadas (tantos os que ainda são "rogerianos" quanto os que já deixaram de ser) foram unânimes em afirmar que todo o empenho nessa proposta de psicologia aponta para uma ampliação da consciência de si mesmo, por parte da pessoa. Essa proposta de psicoterapia repousa na valorização dos aspectos intersubjetivos do relacionamento entre cliente e terapeuta. Para Rogers, a tarefa primordial do terapeuta é tentar criar as melhores condições psíquicas para que qualquer indivíduo possa "tornar-se pessoa".

Os psicólogos rogerianos procuram trabalhar em uma concepção de desenvolvimento humano em que o fundamental é a qualidade da relação estabelecida entre as pessoas. Eles alegam que o objetivo da sua proposta de psicologia é contribuir sempre para o processo de humanização e (re)socialização do sujeito humano. Para eles, as suas estratégias de intervenção terapêutica estão voltadas exclusivamente para a possibilidade de desvelamento das potencialidades inerentes a cada pessoa. O que procuram como psicoterapeutas é ampliar, de uma maneira geral, as potencialidades humanas, possibilitando que as pessoas se tornem cada vez mais conscientes de si mesmas e do mundo em que elas se encontram.

Em síntese, os psicólogos psicoterapeutas rogerianos procuram criar as condições favoráveis para a pessoa descobrir o seu próprio caminho e percorrê-lo por conta própria. Segundo os meus entrevistados, os psicoterapeutas rogerianos não adotam apenas a aparência de não saber o fim e as soluções a serem atingidas em um processo psicoterapêutico. Eles assumem que realmente não sabem. Segundo eles, de fato, quem segue essa proposta assume o compromisso de procurar ao máximo possibilitar que a pessoa faça a experiência da vida por conta própria. O interesse do psicoterapeuta rogeriano é que a pessoa aprenda por si mesma. Que as pessoas aprendam de algum modo a confiar mais em si mesmas, nas próprias percepções e interpretações.

CONCLUSÃO

De acordo com os historiadores da psicologia brasileira, as primeiras psicoterapias que apareceram no Brasil surgiram na década de 60, e praticamente todas – não se conhece nenhuma exceção – visavam à produção e ao fortalecimento do intimismo, da privacidade individual, sendo um mergulho na subjetividade privatizada.

Segundo esses historiadores, a ética clínica preconizada para aquele momento da história brasileira era a da neutralidade asséptica e da atenção à realidade subjetiva em detrimento da realidade material. Segundo Ferreira Neto (2002):

> Quantos de nós não ouvimos nas supervisões de casos clínicos 'não importa se o que o paciente diz é verdade de fato e sim que é a verdade para ele'? A subjetividade autonomizada em sua suposta condição de extraterritorialidade social.
> Ao mesmo tempo, essa clínica tinha uma atuação restrita a segmentos numericamente minoritários da população: sua clientela era constituída pelos segmentos médios e altos da população que podiam pagar pelos seus serviços privados. Essa parcela da população era o centro das ações políticas e econômicas do Estado, enquanto o restante se mantinha excluído numa temporária postura de docilidade. Havia, é claro, justificativas teóricas para essa escolha de clientela, afinal 'para se submeter a uma análise a pessoa deve ser portadora de recursos culturais e simbólicos mínimos'. Além da justificativa *maslowiana*, que, em nome de uma hierarquização das necessidades básicas e supostamente universais do ser humano, preconizava a ideia de pão para o pobre e psicoterapia para as classes média e alta, que já têm satisfeitas suas necessidades básicas. (FERREIRA NETO, 2002, p. 151-152).

Desse modo, as psicoterapias que surgiram e foram largamente praticadas nesse período – anos 1960 e 1970 – iriam totalmente ao encontro dessa ética clínica: a ética privada do homem de consciência. A proposta era que se colocassem de lado por completo as questões sociais e passassem a se dedicar mais aos dilemas individuais. Para Bezerra (1987), as psicoterapias daquele momento, curiosamente, apresentavam, entre elas, várias características em comum, sendo a mais evidente:

> A de pensar o homem enquanto sujeito psicológico universal. A necessidade de estabelecer cânones científicos – portanto generalizantes e universais [...]. Como se todos os indivíduos se emocionassem, se afligissem e reagissem a esses sentimentos da mesma maneira em todo lugar e em qualquer época. (BEZERRA, 1987, p. 140).

Na década de 60, as políticas de subjetivação preconizadas seriam de subjetividades menos interessadas nos aspectos políticos e sociais e mais voltadas para a intimidade e privacidade. Essa tendência serviria aos interesses do governo brasileiro, para que se criassem estratégias de intervenção que proporcionassem novos modos de subjetivação e que se "formassem" novas subjetividades, em que se desvinculasse o político do subjetivo. A ideia era que as questões individuais passassem a ser tratadas independentemente das questões sociais. Nesse sentido, o contexto nacional e as manobras políticas para a administração da sociedade teriam sido decisivos para a eclosão da demanda por serviços de psicologia no País.

Segundo essa interpretação, os governantes entendiam que era preciso incentivar a instalação de novas instituições que ajudassem a adequar as pessoas à sociedade na qual elas estavam inseridas. Só assim, segundo eles, seria possível superar os conflitos sociais e existenciais que vinham ocorrendo no País, pois se estaria dando às pessoas a oportunidade de se adaptarem às metas políticas e sociais propostas pelo governo para toda sociedade.

Segundo Coimbra (1995a), desse modo, não é muito difícil compreender as características gerais que marcaram o surgimento da psicoterapia no Brasil.

> [Ela surge], como uma resposta ao desencanto que grassa no período pós-68. Os sentimentos de impotência e apatia – principalmente entre a juventude – passam a ser generalizados, não somente na América Latina, onde as ditaduras militares já consolidadas e aparentemente vitoriosas em relação aos movimentos de oposição, como também nos países europeus. E este momento histórico consagra práticas e subjetividades voltadas para o interior, o psicológico, o íntimo, o privado, o familiar. (COIMBRA, 1995a, p. 257).

O movimento cultural da época teria revelado um número considerável de subjetividades críticas que, segundo os líderes do governo, dificultavam muito a viabilização das metas políticas e sociais estabelecidas para o País. Era preciso minimizar essas formas de subjetividades e, de algum modo, incentivar outros modos de subjetivação que não fossem mais tão ligados ao pensamento crítico e à racionalidade. Era preciso que os indivíduos aprendessem mecanismos de autorregulação e automodelação da própria conduta implicada numa relação consigo mesma balizada por parâmetros específicos. Segundo Garcia (2002),

> A regulação da conduta nas democracias sociais liberais dos séculos XIX e XX age sobre as expectativas e as aspirações dos indivíduos e dos grupos através de linguagem e técnicas que operam fundamentalmente pela persuasão e não pela coerção. O governo em nossas sociedades modernas e contemporâneas pouco opera através do medo e da ameaça. (GARCIA, 2002, p. 71).

A hipótese que este trabalho procura desenvolver, embora não descarte totalmente a interpretação acima descrita, percebe a realidade como um campo aberto de possibilidades onde as pessoas e as instituições não reagem de forma unívoca. Apoiando-me em entrevistas e depoimentos de pessoas que vivenciaram aquele momento, os anos 60, tanto como psicoterapeutas como clientes, proponho a tese de que as psicoterapias acabaram atendendo, também, às pessoas que procuravam uma alternativa para fugir da linha dura imposta pelo regime militar. Proponho como interpretação que, simultaneamente, as psicoterapias contribuíram tanto para o projeto político, sustentado em uma subjetividade dócil e disciplinada, idealizado pelo regime, como para a formação de uma subjetividade crítica. Com as psicoterapias, passou-se a ter um espaço seguro de privacidade no qual se podia discutir livremente sobre os assuntos que se quisesse, e, ao mesmo tempo, investiu-se em indivíduos desligados de questões políticas, despreocupados com os problemas sociais e, consequentemente, desvinculados da história.

Entende-se, assim, que o surgimento da psicoterapia no Brasil, durante esse período específico da história do País, tenha muito a ver com a demanda dos jovens e adultos de classes média e alta dessa época, desejosos de encontrar um espaço de liberdade e de cuidado de si, mas também com o projeto político-social do Estado, que procurou, a todo custo, ampliar os canais de ações disciplinares.

O fato é que, desse momento em diante, os psicólogos passaram a ser peças importantes no jogo social, tanto para o atendimento de subjetividades que buscavam fugir do modelo disciplinar dominante na época quanto para a produção (ou reprodução) de teorias e técnicas que possibilitassem a constituição desses novos modos de subjetivação que atendiam aos interesses do Estado.

Coube, assim, aos psicólogos desse período a possibilidade de duas posturas contraditórias: ou atuar na sociedade de modo a contribuir com a produção de subjetividades mais livres, como resistência subjetiva às pressões sociais e culturais da época, ou promover modos de subjetivação menos críticos e, consequentemente, mais dóceis. Ressalte-se a interpretação de que a psicoterapia no Brasil nasceu dessa dupla possibilidade: de um lado, ela se apresentava como uma possível brecha, um espaço de resistência para a geração pós-AI-5 e, de outro, como um dispositivo capaz de auxiliar o Estado na promoção de novas formas de subjetivação. De um lado, abria um novo espaço social para a expressão de ideias e sentimentos dos que se sentiam oprimidos pelo regime militar; de outro, ia ao encontro da proposta política da época de se produzirem novas formas de subjetivação disciplinadas, dóceis, voltadas para o individualismo e o intimismo.

A proposta rogeriana de psicoterapia, mais especificamente o modo como a compreendo atualmente, "participa" integralmente desses dois movimentos ou tendências da psicologia brasileira. Ou seja, como dispositivo clínico, ela contribui para normalizar/disciplinar um certo grupo de pessoas que participam do jogo social, mas também é possível perceber nessa mesma proposta um projeto de psicoterapia com intenções nitidamente libertárias.

Na primeira perspectiva, vincula-se o funcionamento dessa proposta psicoterápica como um dispositivo que visa reforçar subjetividades assujeitadas, dóceis e normatizadas. Nesse caso, ela deve ser entendida como uma disciplina, como um saber normatizador que está bastante empenhado em buscar a essência do homem, teorizando, como vimos um pouco na parte 4, um homem universal. Já em uma outra perspectiva, é possível vislumbrá-la funcionando, ou, pelo menos, tentando funcionar, como um espaço de autoprodução de subjetividades emancipadas. Aqui, a subjetividade visada é pautada exclusivamente pela recusa a todos os tipos de autoritarismos, respaldada, sobretudo, pela ideia de não diretividade. Nesse sentido, essa proposta de psicoterapia procura produzir modos de subjetivação singulares e contestatórios.

O que se percebe é que essa proposta teórico-prática de psicoterapia possibilita, dependendo da perspectiva assumida pelo psicólogo, tanto uma prática voltada para a subjetividade crítica quanto uma prática voltada para a subjetividade disciplinada e sujeita ao poder. Cabe retomar, aqui, as ideias de Michel Foucault, especialmente as noções de *poder* e de *sujeito* encontradas, sobretudo, nos segundo e terceiro momentos da sua obra.

Foucault alega que, por intermédio do Estado e também de diversas instituições subestatais, acabou se constituindo uma imensa rede de poderes, cuja finalidade específica era a produção de sujeitos por meio de procedimentos que ele denominou, em primeiro lugar, de práticas divisoras. Essas práticas se baseiam na ideia de normalidade e nos efeitos causados no indivíduo tendo em vista a *objetivação do sujeito*. Suas pesquisas indicam uma variedade de práticas instaladas na sociedade, em que "o sujeito é dividido no seu interior e em relação aos outros. Este processo o objetiva; exemplos: o louco e o são, o doente e o sadio, os criminosos e os 'bons meninos'" (FOUCAULT, 1995, p. 231). Para ele, quando o sujeito humano é colocado em relações de produção e de significação, é, ao mesmo tempo, colocado em relações de poder bastante complexas. Sendo assim, é preciso ter uma definição de poder caso se queira estudar a objetivação do sujeito. Esse autor, depois de várias reflexões sobre essa temática, revela que;

> Gostaria de sugerir uma outra forma de prosseguir em direção a uma nova economia das relações de poder, que é mais empírica, mais diretamente relacionada à nossa situa-

ção presente, e que implica relações estreitas entre a teoria e a prática. Ela consiste em usar as formas de resistência contra as diferentes formas de poder como ponto de partida. Para usar uma outra metáfora, ela consiste em usar esta resistência como um catalisador químico de modo a esclarecer as relações de poder, localizar sua posição, descobrir seu ponto de aplicação e os métodos utilizados. Mais do que analisar o poder do ponto de vista de sua racionalidade interna, ela consiste em analisar as relações de poder através do antagonismo das estratégias. Por exemplo, para descobrir o que significa, na nossa sociedade, a sanidade, talvez devêssemos investigar o que ocorre no campo da insanidade; e o que se compreende por legalidade, no campo da ilegalidade. E para compreender o que são as relações de poder, talvez devêssemos investigar as formas de resistências e as tentativas de dissociar estas relações. (FOUCAULT, 1995, p. 234).

Tanto o tema do poder quanto do sujeito nos remetem à noção de *biopolítica*, também desenvolvida por ele e que está relacionada à tomada do poder sobre o corpo humano. O que são as *biopolíticas*? São políticas de vida, de produção de novos modos de vida. São políticas de existência. Segundo Foucault (1999b), logo após uma primeira investida do poder sobre o corpo

> que se fez consoante o modo de individualização, temos uma segunda tomada de poder que, por sua vez, não é individualizante mas que é massificante [...] que se faz em direção não do homem-corpo, mas do homem-espécie (FOUCAULT, 1999b, p. 289).

Foucault discorre sobre a gênese da biopolítica na 2ª metade do século XVIII como outra tecnologia de poder sobreposta e integrada ao poder disciplinar centrado no corpo. A biopolítica visa ao coletivo da população e tem como principal gestor o Estado. Contudo, mesmo em seu surgimento a biopolítica, não é pensada exclusivamente no âmbito estatal, mas em toda uma série de instituições subestatais, como as instituições médicas, as caixas de auxílio, os seguros etc. (FERREIRA NETO, 2002, p. 153).

Segundo Ferreira Neto (2002, p. 155), essa ideia de Foucault é retomada por Deleuze que mostra como, na atualidade, a sociedade disciplinar se desdobra em uma sociedade de controle, fundada no investimento sobre o biopolítico:

> Deleuze, ao estender as reflexões de Foucault sobre as sociedades disciplinares, anunciou que estamos entrando em um novo contexto biopolítico, o das sociedades de controle. Estas não mais operam por meio dos meios de confinamento (família, escola, fábrica, hospital, prisão), mas por controle contínuo e comunicação instantânea. (FERREIRA NETO, 2002, p. 155).

Pesquisar as formas de *resistências* é a perspectiva aberta por Foucault para escapar de uma produção de subjetividade controlada, exclusivamente, pelos *dispositivos de poder* existentes em nossa sociedade, quer sejam os velhos dispositivos disciplinares, quer a biopolítica, quer as formas psicoterápicas. Silva (2001) alega, que, nesse sentido, Foucault encontrou uma brecha para refletir sobre os modos de subjetivação que derivam das relações de poder, mas não se reduzem a essas relações. É possível constituir-se uma nova subjetividade:

> Uma subjetividade na qual se manifesta a liberdade, a criatividade, o prazer, a invenção de si mesmo, a estilização pessoal da conduta, em suma, a beleza das vidas que recusaram os lugares e códigos estabelecidos pelas *práticas divisoras*. (SILVA, 2001, p. 4).

Foucault, na fase mais amadurecida das suas reflexões, considera as lutas contra as formas de sujeição – contra a submissão da subjetividade – como um dos embates mais importantes da atualidade. Segundo ele, "vivemos numa época onde além das lutas contra as formas de dominação e contra as formas de exploração, enfrentamos as formas de sujeição, de submetimento e controle da subjetividade" (FOUCAULT, 1995, p. 235).

A ideia de *resistência* possibilita a Foucault encontrar uma outra compreensão do sujeito e de sua relação com o poder. Com essa temática, ele descobre uma forma de potencializar o sujeito em fuga. Segundo Foucault (1995), tanto os poderes quanto as resistências atravessam os aparelhos, as instituições, os indivíduos, recortando-os, remodelando-os, quebrando unidades e produzindo reagrupamentos. Nesse sentido, de acordo com Ferreira Neto (2002), as resistências devem ser entendidas não como processos reativos ou negativos, mas como processos ativos de criação e transformação. "Resistência como pura oposição, desvio relativo à norma seria uma sombra ineficaz em relação aos processos do poder" (FERREIRA NETO, 2002, p. 155). "Foucault pensa a resistência enquanto criação, diferenciação e não simples oposição" (FOUCAULT, 1994b, p. 741). "Vai da recusa dos modelos hegemônicos à invenção de *novas formas de subjetividade*" (FOUCAULT, 1995, p. 239).

Trata-se, a partir de então, de colocar o sujeito no centro da reflexão, mas um sujeito liberado dos atributos que lhe foram dados pelo saber moderno, pelo poder disciplinar e normalizador e uma determinada forma de moral orientada para o código.

> Por toda uma série de razões, a ideia de uma moral como obediência a um código de regras está presentemente em processo de desaparecimento, já desapareceu. E a essa ausência de moral responde, deve responder, uma busca de uma estética da existência. (FOUCAULT, 1994b, p. 732).

A afirmação de Foucault contém uma proposição de uma postura crítica diante das tentativas contemporâneas de encontrar o fundamento para uma moral universal de caráter normativo. Trata-se agora de se repensar o estatuto do sujeito, um novo "solo" para a constituição do sujeito. Segundo Foucault (1995):

> O que me surpreende é o fato de que, em nossa sociedade, a arte tenha se transformado em algo relacionado apenas a objetos e não a indivíduos ou à vida; que a arte seja algo especializado ou feita por especialistas que são artistas. Entretanto, não poderia a vida de todos se transformar numa obra de arte? (FOUCAULT, 1995, p. 261).

A partir de então, encontramos nos estudos de Foucault uma aproximação estratégica de dois temas cruciais: o sujeito e a ética. Segundo ele, estamos sempre dentro da cultura quando nos relacionamos ao sujeito e à ética. Nesse sentido, tanto o sujeito como a ética são produtos, são produções de uma determinada realidade, de uma determinada época. Ética e Subjetividade são conceitos, são categorias históricas. A palavra "ética", por exemplo, não tem o mesmo sentido para todos. Segundo Novaes,

> se compararmos as definições que os Antigos e os Modernos dão para a noção de ética, percebemos que são tão radicalmente diferentes que se cria em torno delas um verdadeiro campo de contradições (NOVAES, 1992, p. 7).

Já a categoria "sujeito", além de não ter o mesmo sentido para todos, só aparece, na realidade, por volta do século XVII. De acordo com Foucault (1984), o grego não tem a ideia de sujeito, de subjetividade; ele tem a ideia de cuidar de si. A Idade Média também não tem ainda desenvolvida essa noção. As pessoas nesses períodos não estavam preocupadas com o seu próprio eu. A categoria sujeito, subjetividade, só aparece posteriormente, no século XVII.

Contudo, no sentido proposto por Foucault, o que deve, sobretudo, ser considerado é que "efetivamente, há sempre uma reflexividade, uma relação de si para consigo mesmo, um autocomprometimento do sujeito, implicados à conduta ética" (FIGUEIREDO, 1995a, p. 42).[57] Mas essa reflexividade, essa relação de si, não designa necessariamente o sujeito definido de uma vez por todas. Para Foucault, falar em subjetividade ou em processos de subjetivação não é o mesmo que tratar de identidades ou de sujeitos. A não ser, como bem apontou Deleuze (1988), que se destitua o sujeito de toda a interioridade e identidade. Nesse sentido, pode-se seguramente afirmar que para Foucault não há sujeito, mas produção de subjetividade.

Não há uma única ética nem um único sujeito comum a todas as culturas e/ou períodos históricos. De cultura para cultura e de época para época podem variar os padrões implícitos e os códigos. Vale ressaltar, também, que quem diz subjetividade diz modo ou modos de ser. A cada momento da história predominam certos modos de subjetivação, de subjetividade. Para Pelbart (1997), é bem possível que, com Nietzsche, essa discussão tenha ganhado novas dimensões.

> Ele mostrou quanta violência e crueldade foi preciso para moldar o homem nesta sua forma atual, quanto terror foi preciso para incrustar neste animal um mínimo de civilidade, de memória, de culpa, de senso de promessa e dívida; em suma, de moral! (PELBART, 1997, p. 5).

A forma do homem, a forma-homem, a subjetividade humana, é uma moldagem histórica complexa e mutante. Sobre ela, de um modo geral, Foucault manifestou a seguinte preocupação: cabe-nos promover novas formas de subjetividade, recusando o tipo de individualidade que nos foi imposto durante séculos.

---

[57] Para Figueiredo (1995a), o termo "ética" usado como adjetivo nos remete ao âmbito das relações de um indivíduo com outros indivíduos; ressalte-se, porém, que esses "outros" "podem, em certas circunstâncias, ser 'indivíduos' não humanos (como animais e plantas) e mesmo aspectos não individualizados e inanimados do mundo, como as terras e águas dos ambientes naturais" (FIGUEIREDO, 1995a, p. 41).

De acordo com Naffah (1995), é importante também lembrar que o termo *subjetividade* tem origem na consagrada noção de sujeito. Etimologicamente, a palavra latina *subjectu* "significa 'o que subjaz', ou seja, 'o que jaz no fundo', fundamento" (NAFFAH, 1995, p. 197). Isso não significa que esses termos (sujeito e subjetividade) tenham os mesmos significados, sendo sempre preciso entender que sentido cada autor lhes dá quando deles se utiliza. Foucault, por exemplo, insurge-se justamente contra essa noção de sujeito como fundamento. Ele pensa em uma noção de sujeito como processo. "Foucault não emprega a palavra sujeito como pessoa ou forma de identidade, mas os termos 'subjetivação', no sentido de processo, e 'si', no sentido de relação (relação a si)" (DELEUZE, 1990, p. 116).

Para Foucault, o sujeito surge como resultado provisório de um processo de subjetivação. Provisório, porque a relação consigo mesmo se modifica constantemente, nos jogos permanentes com o poder. As "éticas" não só "refletem" diferenças nos modos de subjetivação, mas, sobretudo, elas participam da constituição das subjetividades. Acrescente-se também que

> podemos ver as éticas como dispositivos 'ensinantes' de subjetivação: elas efetivamente sujeitam os indivíduos, ou seja, ensinam, orientam, modelam e exigem a conversão dos homens em sujeitos morais historicamente determinados (FIGUEIREDO, 1995b, p. 44).

A subjetivação é um processo múltiplo, constante e instável, não resultando em formas definitivas de subjetividade. Desse modo, realmente, não há sujeito ou, o que é o mesmo, o sujeito é uma derivada, um produto de processos de subjetivação que não se deixam estabilizar ou aprisionar em alguma forma ou esquema definitivo.

Retornando a Rogers, a sua proposta psicoterápica surge, principalmente, da sua insatisfação com os modelos vigentes da época. Pode-se entender o seu projeto de psicoterapia como sendo pautado, basicamente, pela troca de experiências vivenciais entre terapeuta e cliente. A ênfase dessa abordagem em psicologia recai sobre a importância da relação pessoa-pessoa, em que as atitudes do terapeuta serão mais importantes do que as teorias e as técnicas que ele domina, e os sentimentos, nesse encontro, serão também mais valorizados do que o intelecto.

Para Rogers, as pessoas estão sempre em "vias de ser", em um processo de devir. Não existe uma pessoa completamente acabada, mas a que se encontra em um incessante processo de autoconstrução. Para esse autor, a pessoa do cliente não é um objeto de conhecimento, nem mesmo um objeto de ação terapêutica. Ele é um sujeito, com sua individualidade, suas características, e, diante dele, um outro sujeito, o terapeuta, vai se situar.

Suas considerações sobre o ser humano advêm de sua própria experiência clínica. Segundo Holanda (1998), se tivesse que atribuir uma ideia de homem que precisasse se encaixar com as teses que norteiam a proposta rogeriana, ele diria que o homem é: "um ser concreto, situado historicamente, criador e transformador da natureza e de si-mesmo, através das relações que estabelece com outros homens" (HOLANDA 1998, p. 71).

Para Rogers, todo indivíduo existe em um mundo de experiências em constante mutação, do qual ele é o centro. Nesse postulado rogeriano, encontra-se um fator importante que resgata o poder inerente de cada sujeito, visto que, acerca de sua experiência, só o próprio sujeito pode conhecer plenamente. "Além disso, esta concepção insere o indivíduo no seu meio sócio-histórico-cultural. O ser humano é um ser indissociado da sua própria circunscrição" (HOLANDA, 1998, p. 85).

A intuição inicial de Rogers é a de que os organismos possuem uma capacidade, uma tendência ao autodesenvolvimento, ao crescimento. A esta ideia, os estudiosos de Rogers dão o nome de "hipótese de crescimento" ou, nas palavras do próprio Rogers, *"growth"*. Trata-se, segundo ele, de uma capacidade de autodireção, um "poder" inerente ao ser humano, que lhe permite estabelecer um crescimento contínuo e ininterrupto, em direção à plenitude de suas potencialidades. Os intérpretes de Rogers no Brasil alegam que a noção de Rogers de desenvolvimento engendra a noção de mudança, que, por sua vez, traz a ideia de movimento, em um *continuum* ininterrupto.

> A hipótese original de Rogers é a de que os organismos são capazes de auto-direção: o que significa dizer que há uma capacidade inerente aos organismos, que preside todas as suas funções. Esta tendência é também o *substratum* de todo e qualquer ato que motive o organismo. Esta concepção é a marca determinante que supõe a vida como um processo ativo" (HOLANDA, 1998, p. 75).

A noção de desenvolvimento em Rogers se refere a uma tendência universal e inata. Sua presença se faz sentir tanto nos indivíduos considerados "perturbados" como nos ditos "normais". Segundo Holanda (1998), essa noção também designa as bases do processo terapêutico rogeriano, que consistiria no fato de criar um "clima terapêutico" no qual se possibilitaria a liberação das capacidades latentes do indivíduo.

> A proposta rogeriana é facilitar à pessoa 'tornar-se pessoa'. Para ele, a solução é a interioridade que permita a cada um assumir o que é em verdade e faculte, ao mesmo tempo, aceitar os outros como são. A noção de pessoa é a base da proposição rogeriana. O importante é a dinâmica vivencial que o indivíduo estabelece consigo e com o outro. O que predomina no ser humano é a subjetividade. (HOLANDA, 1998, p. 101).

Um dos principais desafios para os psicoterapeutas rogerianos, na atualidade, é pensar uma concepção de homem que não tenha como base uma essência humana, em que a dimensão da historicidade passe a assumir um lugar fundamental. Acredito, inclusive, ser essa uma das mais importantes perspectivas que as reflexões de Michel Foucault possibilitam abrir aos psicólogos que se interessam por esse projeto de psicologia.

Os projetos de psicologia, de um modo geral, estão organizados em torno de uma determinada concepção de homem. É por meio dessa concepção de homem que cada proposta de psicologia estabelece suas estratégias de trabalho. A proposta rogeriana, especificamente, organizou-se em torno da noção de homem como pessoa.[58]

> Na obra de Carl Rogers, encontramos, repetidamente, a descrição de pessoa como sendo, em essência, um organismo digno de confiança, uma vez que ela traz em si mesma uma tendência natural a se desenvolver de forma construtiva e positiva. (LEITÃO, 1990, p. 58).

Segundo Leitão (1990), é interessante notar como as influências socioculturais eram marcantes nas primeiras publicações de Rogers. Ele, inclusive, criticava abertamente a ênfase que se dava ao indivíduo, perdendo de vista a importância e o vigor do grupo e das forças sociais na constituição da subjetividade humana.

> Mas, à medida que vai desenvolvendo o conceito de tendência atualizante, voltando-se cada vez mais para a 'pessoa como centro', essa socialização ficará relegada a um segundo plano, sempre vista como algo que é próprio da natureza do homem [...]. (LEITÃO, 1990, p. 64).

Precisamos recuperar (ou retomar) essas reflexões de Rogers para os dias atuais. Contudo, segundo evidencia Leitão

---

[58] A noção de pessoa, na obra de Carl Rogers, foi profundamente estudada por Virginia Moreira Leitão em sua tese de doutoramento, defendida em 1990, na PUC/SP.

(1990), Rogers não estava fora do mundo. Ele criou um tipo de proposta teórica para ajudar a refletir sobre as questões que ele e os homens da sua época estavam vivendo. Nesse projeto de psicologia, não se trata, portanto, de simplesmente repetir Rogers. Essa proposta de psicologia abre espaço para algo muito mais amplo relacionado com as necessidades e o momento histórico do homem em que se pretende pensar.

O presente trabalho propõe uma retomada crítica da proposta de psicologia de Carl Rogers e, simultaneamente, apresenta a interpretação segundo a qual a psicologia rogeriana desde o seu início no Brasil é percorrida por dois movimentos ou tendências: uma tendência normalizadora/disciplinar e uma tendência libertária. Acho que posso enunciar essa proposição da seguinte maneira: a Psicologia Centrada na Pessoa – como prática "psi" – funciona como um dispositivo de produção de subjetividades assujeitadas e normatizadas, assim como funciona também como estratégia de resistência, de produção de subjetividades emancipadas, ou modos de subjetivação singulares e contestatórios em um determinado período histórico, de recusa de todos os tipos de autoritarismos.

Guazzelli (1999), a partir de uma pesquisa-intervenção desenvolvida para estudar as possibilidades de se constituírem novas formas de subjetividade e de cidadania, na universidade, por exemplo, discute a ideia de uma mesma instituição, de um mesmo conjunto de práticas e de discursos, poder abrigar tendências contraditórias: de um lado, abrir para um cuidado de si que valoriza a autonomia, a contestação e a criatividade; de outro, reforçar modelos de subjetividade como sujeição aos poderes/saberes:

> A meu ver, na reflexão que se inspira em Foucault não se pode deixar de lado o *direcionamento* que se dá a este processo [o processo que se está estudando] e as

práticas que o consubstanciam; como o autor insistiu tantas vezes: [...] é necessário descer para o estudo das práticas concretas pelas quais o sujeito é constituído em um domínio do conhecimento (FOUCAULT, 1994, Vol. 4, p. 631-636, traduzido do francês). Explico-me: sob a ideia geral de "Educação" [...] não se pode confundir direcionamentos e práticas manipuladores, controladores e impositivos com outros que, ao contrário, buscam fortalecer o desejo de autonomia, a capacidade dialógica, a abertura e o respeito por todos os seres humanos, a solidariedade e a compaixão. Não há só uma proposta com relação à Educação; há propostas diametralmente contrárias que se consubstanciam em práticas opostas *ainda que possam abrigar-se sob discursos semelhantes*. Não se pode generalizar, é preciso distinguir. Não são direcionamentos e práticas isomórficos, há pluralidades, tensões, esforços contrários. (GUAZZELLI, 1999, p. 26).

Fico pensando se a proposta de psicologia rogeriana não pode ser problematizada no campo da ética e da política, como a tentativa de contribuir para modos de subjetivação singulares e contestatórios, embora apresente problemas no campo epistemológico, com relação à definição e consistência de seu objeto teórico.

Minha estratégia narrativa foi aproximar a psicologia humanista, sobretudo a psicologia rogeriana, dos movimentos contestatórios dos anos 60 e tentar "iluminar" os dois campos por meio de uma reflexão a partir de Foucault. Uma certa problemática aberta por Foucault, a da genealogia, que se desdobra, posteriormente, em reflexões sobre o sujeito, é o que vai me permitir mapear as duas tendências (sujeição e emancipação) na teoria rogeriana, esta, por sua vez, articulada aos movimentos contestatórios dos anos 60.

Se as resistências em Foucault partem do próprio seio das relações de poder-saber, mas ultrapassando-as, configurando-se como investimento e autoprodução ativa de novas formas de vida subjetiva, a partir de um trabalho executado por nós mesmos sobre nós enquanto seres livres, então, embora a teoria-prática rogeriana guarde uma função normatizadora já que, segundo o meu texto, ela 'fala' da essência do homem, da 'maturidade' em um processo de 'desenvolvimento', da 'identidade' e 'individualidade' do sujeito, ela também pôde, quando surgiu, e pode, ainda hoje, operar como ferramenta de constituição de resistências subjetivas, quando se sustenta em ideias como criatividade, liberdade, expressividade, autonomia.

Meu operador conceitual é o conceito de resistência. Pelo que entendi, na leitura de Foucault e em especial em *O Sujeito e o Poder*, a ideia de resistência existe com um vigor mais acentuado quando Foucault se pergunta como transpor as linhas de poder-saber, que me parece que são as linhas povoadas de dispositivos, instituições, práticas, manobras, técnicas, chamadas disciplinares, de modelagem e produção de indivíduos politicamente dóceis e economicamente úteis. Essas práticas disciplinares simultaneamente produzem os saberes normatizadores e classificatórios das ciências humanas, organizados em torno da ideia de norma. Se a ideia de resistência, mais enfaticamente colocada, está, em Foucault, no eixo de sua teorização a respeito do sujeito/subjetivação, então o meu operador conceitual parece-me muito bom. As resistências são subjetivas, ou seja, estão no campo das possibilidades de invenção de novos modos de ser, de existir, de pensar e agir; sendo que a psicologia rogeriana abre uma brecha para que essa perspectiva apareça. A partir de Foucault, é possível mapear, tanto nos movimentos contestatórios dos anos 60 quanto na psicologia rogeriana, discursos e práticas do dispositivo e do eixo do poder-saber, por exemplo, a ênfase na ideia de indivíduo tão presente em Foucault, nas suas análises justamente dos efeitos individualizantes das técnicas disciplinares de poder. Mas também é possível mapear, tanto nos movimentos dos anos 60 quanto na psicologia rogeriana, *as linhas de fuga*, isto é, os acontecimentos sociais e da clínica rogeriana que permitem escapar à subjetividade-indivíduo, dócil e normatizado, abrindo para a constituição de subjetividades que têm ressonância com as reinvindicações emancipadoras dos anos 60, ou seja, a invenção de modos de ser, de pensar, de se relacionar orientados ética e politicamente pelas categorias de liberdade, criatividade, resistência aos poderes e saberes.

REFERÊNCIAS

ALMEIDA, M. H. T.; WEIS, L. Carro-Zero e Pau-de-Arara: O cotidiano da oposição de classe média ao Regime Militar. In: *História da Vida Privada no Brasil*. v. 4. Fernando Novais (Coord.). Lilian Moritz Schwartz (Org.). São Paulo: Companhia das Letras, 1998.

ANDRADE, Ângela. N. *A angústia frente ao caos:* um estudo genealógico da formação do psicólogo clínico. Tese (Doutorado em Psicologia). PUC/SP, São Paulo, 1996.

ASTO-VERA, Armando. *Metodologia da pesquisa científica*. Tradução de Maria Helena Guedes Crespo e Beatriz Marques Magalhães. Porto Alegre: Globo, 1979.

BAREMBLITT, Gregório. *Compêndio de Análise Institucional e outras correntes*. Rio de Janeiro: Rosa dos Tempos, 1992.

BEZERRA Jr., B. Considerações sobre terapêuticas ambulatoriais em saúde mental. In: TUNDIS, Silvério; COSTA, Nilson do Rosário (Org.). *Cidadania e Loucura:* políticas de saúde mental no Brasil. Petrópolis: Vozes, 1987.

BOAINAIM Jr. Elias. *Tornar-se Transpessoal:* transcendência e espiritualidade na obra de Carl Rogers. São Paulo: Summus, 1998.

BUGENTAL, J. F. T. *Humanistic psychology:* a new break-through. American Psychologist, 18:563-7, 1963.

_____. The challenge that is man. *Journal of Humanistic Psycholgy*, San Francisco, Cal., 7(1): 36-52, Spring, 1961.

CARMO, Paulo S. *Culturas da rebeldia:* a juventude em questão. São Paulo: Senac, 2001.

CASTEL, Robert. *A Gestão dos Riscos*. Rio de Janeiro: Francisco Alves, 1987.

COELHO, Cláudio N. P. *A transformação social em questão:* as práticas sociais alternativas durante o Regime Militar. Tese (Doutorado). São Paulo: USP, 1990.

COIMBRA, C. *Guardiães da ordem:* uma viagem pelas práticas psi no Brasil do "Milagre". Rio de Janeiro: Oficina do autor, 1995a.

_____. Desenvolvimento sociocultural e político (60-80) e meios psicoterápicos. In: *25 anos depois: Gestalt-terapia, Psicodrama e Terapias Neo-Reichianas no Brasil*. Selma Ciomai (Org.), São Paulo: Agora, 1995b.

COSTA, J. F. *Violência e Psicanálise*. Rio de Janeiro: Graal, 1984.

CUNHA, Antônio, G. *Dicionário etimológico Nova Fronteira da língua portuguesa*. Rio de Janeiro: Nova Fronteira, 1982.

DELEUZE, G. *Nietzsche e a filosofia*. Porto-Portugal: Rés, s/d.

_____. *Lógica do sentido*. São Paulo: Perspectiva, 1974.

_____. *Foucault*. Tradução de Claudia Sant' Anna Martin. São Paulo: Brasiliense, 1988.

_____. A ascensão do social. In: DONZELOT, Jacques. *A polícia das famílias*. Tradução de M.T. da Costa Albuquerque. Rio de Janeiro: Graal, 1980.

DIDIER, E. *Michel Foucault*: uma biografia. Tradução de Hildegard Feist. São Paulo: Companhia das Letras, 1990.

DREYFUS, H. L.; RABINOW, P. *Michel Foucault*: uma trajetória filosófica (para além do estruturalismo e da hermenêutica). Tradução de Vera Porto Carrero. Rio de Janeiro: Forense Universitária, 1995.

FARGE, Arlete. Frente à história. In: ESCOBAR, Carlos Henrique de (Org.). *Michel Foucault*: o dossier – últimas entrevistas. Rio de Janeiro: Taurus, 1984, p. 113-118.

FAUSTO, Boris. *História do Brasil*. São Paulo: Editora da Universidade de São Paulo, 1999.

FEIJOO, A. M. L. C. *A existência para além do sujeito*: a crise da subjetividade moderna e suas repercussões para a possibilidade de uma clínica psicológica com fundamentos fenomenológico-existencial. Rio de Janeiro: Edições IFEN e Via Verita, 2011.

FERREIRA NETO, J. L. *Uma genealogia do presente da formação do psicólogo brasileiro: contribuições foucaultianas*. Tese (Doutorado em Psicologia). PUC/São Paulo, 2002.

FIGUEIREDO, Luis. C. *Revisitando as Psicologias* – Da Epistemologia à Ética das Práticas e Discursos Psicológicos. Ed. Vozes e Educ, 1995a.

_____. *Modos de Subjetivação no Brasil e Outros escritos*. São Paulo: Ed. Escuta/Educ, 1995b.

FONSECA, Afonso Henrique L. Psicologia humanista e pedagogia do oprimido: um diálogo possível? In: ENCONTRO LATINO DA ABORDAGEM CENTRADA NA PESSOA, Petrópolis, 1983.

FONSECA, Márcio. A. *Michel Foucault e a constituição do sujeito*. São Paulo: Educ, 1995.

FOUCAULT, Michel. *Nietzsche, Freud e Marx* – Theatrum Philosoficum. 4. ed. Tradução de Jorge Lima Barreto. São Paulo: Princípio, 1987.

_____. *Microfísica do Poder*. Organização e tradução de Roberto Machado. Rio de Janeiro: Graal, 1979.

_____. *Dits et Ecrits*. v. III. Paris: Gallimard, 1994a.

_____. *Dits et Ecrits*. v. III. Paris: Gallimard, 1994b.

_____. *A arqueologia do saber*. Tradução de Luiz Felipe Baeta Neves. 5. ed. São Paulo: Forense Universitária, 1997.

_____. *As palavras e as coisas*: uma arqueologia das ciências humanas. Tradução de Salma Tannus Muchail. 8. ed. São Paulo: Martins Fontes, 1999a.

_____. *Vigiar e punir*: história da violência nas prisões. Tradução de Ligia M. Ponde Vassalo. 9. ed. Petrópolis: Vozes, 1987.

_____. *Em Defesa da Sociedade:* curso no Collège de France (1975-1976). Tradução de Maria Ermantina Galvão. São Paulo: Martins Fontes, 1999b.

_____. *História da sexualidade 1:* a vontade de saber. Tradução de Maria Thereza da Costa Albuquerque e J. A. Guilhon Albuquerque. 10. ed. Rio de Janeiro: Graal, 1988.

_____. *História da sexualidade 2:* o uso dos prazeres. Tradução de Maria Thereza da Costa Albuquerque e J. A. Guilhon Albuquerque. 6. ed. Rio de Janeiro: Graal, 1984.

_____. Sobre a genealogia da ética: uma revisão do trabalho; O sujeito e o poder. In: RABINOW, Paul; DREYFUS, Hubert. *Michel Foucault*: uma trajetória filosófica. Rio de Janeiro: Forense Universitária, 1995.

FRAYZE-PEREIRA, J. A. Apontamentos para uma crítica da psicologia humanística. *Revista Psicologia.* São Paulo, 1984.

GALLO, Sílvio. O conceito de épistémè e sua Arqueologia em Michel Foucault. In: MARIGUELA, Márcio (Org.). *Foucault e a destruição das evidências.* Piracicaba: Ed. Unimep, 1995, p. 13-27.

GARCIA, Maria Manuela Alves. *Pedagogias críticas e subjetivação:* uma perspectiva foucaultiana. Petrópolis, RJ: Vozes, 2002.

GIACÓIA JÚNIOR, O. Filosofia como diagnóstico do presente: Foucault, Nietzsche e a Genealogia da ética. In: MARIGUELA, Márcio (Org.) *Foucault e a destruição das evidências.* Piracicaba: Ed. Unimep, 1995, p. 81-100.

GUAZZELLI, I. R. B. O conceito de Solo Epistemológico. *Cadernos de Filosofia*: Homenagem a Michel Foucault (1926-1984). São Paulo: Centro de Filosofia do Instituto Sedes Sapientiae, ano 1, n. 1, 1994.

_____. *Construindo Novas Formas de Subjetividade e de Cidadania.* Tese (Doutorado em Ciências Sociais). PUC/SP, 1999.

HANNOUN, H. *A atitude não-directiva de Carl Rogers.* Lisboa: Livros Horizonte, 1980.

HEIDEGGER, M. *Carta sobre o Humanismo.* Tradução de Rubens Eduardo Frias. São Paulo: Moraes, 1991.

HOLANDA, A. F. *Diálogo e psicoterapia:* correlações entre Carl Rogers e Martin Buber. São Paulo: Lemos editorial, 1998.

HOUSSAYE, P. D. *Quinze pédagogues* – textes choisis. Paris: Armand Colin Editeur, 1995.

Justo, Henrique. *Cresça e Faça Crescer:* Carl Rogers. Canoas: La Salle, 2001.

KINGET, M. G. O método Não Diretivo. In: ROGERS, C. R.; KINGET M. G. *Psicoterapia e Relações Humanas.* Tradução de Maria Luisa Bizzoto. v. 1. Belo Horizonte: Interlivros, 1975.

LEITÃO, Virginia Moreira. *Para além da pessoa:* uma revisão crítica da psicoterapia de Carl Rogers. Tese (Doutorado em Psicologia). PUC/SP, 1990.

_____. Da teoria não-diretiva à abordagem centrada na pessoa: breve histórico. *Revista de Psicologia*, 4 (1), jan./jun. Fortaleza, 1986.

MACHADO, Roberto. Arqueologia do saber e a constituição das ciências humanas. *Revista discurso*, n. 5. Revista do Departamento de Filosofia da Faculdade de Filosofia, Letras e Ciências Humanas da Universidade de São Paulo. Ano V, 1979.

_____. *Ciência e Saber*: a trajetória da arqueologia de Foucault. Rio de Janeiro: Graal, 1982.

_____. *Nietzsche e a verdade*. Rio de Janeiro: Rocco, 1984.

_____. *Deleuze e a filosofia*. Rio de Janeiro: Graal, 1990.

MACIEL, Luiz Carlos. *Anos 60*. Porto Alegre: L&PM, 1987.

MARTON, S. *Das forças cósmicas aos valores humanos*. São Paulo: brasiliense, 1990.

_____. Foucault leitor de Nietzsche. In: RIBEIRO, Renato Janine (Org.). *Recordar Foucault*. São Paulo: Brasiliense, 1985, p. 36-46.

MATOS, O. C. F. *Paris 1968:* As barricadas do desejo. São Paulo: Brasiliense, 1998.

MATSON, Flyod. W. Teoria Humanista: a terceira revolução em psicologia. In: MAY, Rollo (Org.). *Psicologia Existencial*. Tradução de Eduardo D' Almeida. Porto Alegre: Globo, 1974, p.69-81.

MILHOLLAN, F.; FORISHA, B. E. *Skinner x Rogers*: maneiras contrastantes de encarar a educação. Tradução de Aydano Arruda. São Paulo: Summus, 1978.

MONDIN, B. *Definição filosófica de pessoa humana*. Bauru: Edusc, 1998.

MOREIRA, Virginia. Saúde psicológica x momento atual: sobre a subjetividade brasileira. *Insight-Psicoterapia*, 34, 1993. p. 18-21.

_____. *Más allá de la persona*: hacia una psicoterapia fenomenológica mundana. Santiago (Chile): Editorial Universidad de Santiago, 2001.

MUCHAIL, S. T. Da arqueologia à genealogia acerca do(s) propósitos de Michel Foucault. In: FIGUEIREDO, Luis Cláudio M. et al. *Epistemologia, Metodologia*: ciências humanas em debate. São Paulo: Educ, 1988, p. 31-46.

_____. A identidade normalizada. *Boletim do grupo de pesquisa sobre identidade social*. n. 2. São Paulo, 1983.

NAFFAH NETO, Alfredo. A subjetividade enquanto éthos. *Caderno de subjetividade*. Núcleo de Estudos e Pesquisa da Subjetividade do Programa de Estudo Pós-Graduados em Psicologia Clínica da PUC/SP. – v. 3, n. 2, 1995.

NALLI, M. A. G. *Foucault*: notas sobre a sua concepção genealógica do discurso. In: *Filosofia*. Revista do curso de Filosofia da PUC/PR. Ano XIII, n. 12. Curitiba, 2001.

NASCIMENTO, W. F. Nos rastros de Foucault: ética e subjetivação. Disponível em: <michel-foucault.weebly.com/uploads/1/3/2/1/13213792/art01.pdf>. Acesso em: 22 fev. 2003.

NIETZSCHE, F.W. *Genealogia da Moral*. Tradução, notas e posfácio de Paulo César de Souza. São Paulo: Companhia das Letras, 1998.

_____. *Sobre verdade e mentira no sentido extra-moral*. Tradução de Rubens Rodrigues Filho. São Paulo: Abril, 1978.

NOGARE, P. D. *Humanismos e Anti-Humanismos*: introdução à Antropologia filosófica. Petrópolis: Vozes, 1988.

NOVAES, Adauto (Org.). *Ética*. São Paulo: Companhia das Letras/Secretária Municipal de Cultura, 1992.

ORLANDI, L. *Que estamos ajudando a fazer de nós mesmos?* [S. l., s. n.], 2000.

ORTEGA, F. *Amizade e Estética da Existência em Foucault*. Rio de Janeiro: Graal, 1999.

PAES, M. H. S. *A década de 60*: rebeldia, contestação e repressão política. São Paulo: Ática, 1997.

PELBART, P. P. *O tempo não-reconciliado*. São Paulo: Perspectiva/FAPESP, 1997.

PEREIRA, C. A. M. *O que é contracultura*. São Paulo: Brasiliense, 1984.

PRADO JÚNIOR, Bento. *Alguns ensaios. Filosofia, literatura, psicanálise*. São Paulo: Max Limonad, 1985.

RAGO, Margareth. As marcas da pantera: Foucault para historiadores. *Revista Resgate*, Campinas, n. 5, Centro de memória da UNICAMP, 1993.

_____. O efeito Foucault na historiografia brasileira. *Tempo social. Revista Social*. São Paulo: USP, 1995.

ROGERS, Carl. R. *Client-centered therapy*: its current practice, implications and theory. Boston: Houghton Mifflin, 1951.

_____. A theory of therapy, personality, and interpersonal relationships, as developed in the client-centered framework. In: KOCH, S. (Org.). *Psycholgy*: a study of a science, v. 3. New York: McGraw-Hill, 1959, p.184-256.

_____. *Tornar-se pessoa*. Tradução de Manuel José do Carmo Ferreira. São Paulo: Martins Fontes, 1961.

_____. *Um jeito de ser*. Tradução de Maria Cristina M. Kupfer, Heloísa Lebrão, Yone Souza Patto. São Paulo: EPU, 1983.

_____. *Sobre o poder pessoal*. Tradução de Wilma Millan Alves Penteado. São Paulo: Martins Fontes, 2001.

ROSZAK, Theodore. *A contracultura*. Tradução de Donaldson M. Garschagen. Petrópolis: Vozes, 1972.

RUDIO, Franz Victor. *Orientação não-diretiva*: na educação, no aconselhamento e na psicoterapia. Petrópolis: Vozes, 1999.

SILVA, Márcio. *Subjetividades no pensamento de Michel Foucault*. Tese (Mestrado em Filosofia). PUC/SP, São Paulo, 2001.

SKIDMORE, T. *Brasil*: de Getúlio a Castelo, 1930-1964. Rio de Janeiro: Paz e Terra, 1992.

_____. *Brasil*: de Castelo a Tancredo, 1964-1985. Rio de Janeiro: Paz e Terra, 1988.

TOLEDO, C. N. *O governo Goulart e o golpe de 64*. São Paulo: Brasiliense, 1997.

VEYNE, P. M. *Como se escreve a história*: Foucault revoluciona a história. Tradução de Alda Baltar e Maria Auxiliadora Kneipp. Brasília: Universidade de Brasília, 1982.

VILARINO, R. C. *A MPB em movimento*: música, festivais e censura. São Paulo: Olho D'Água, 1999.

WOOD, J. K. et al. *Abordagem centrada na pessoa*. Vitória: Editora Fundação C. A. de Almeida, 1994.